AFFINER SA PLUME

UN GUIDE DE RÉDACTION
POUR LE CHEF D'ENTREPRISE
LE TRAVAILLEUR ET LE PARTICULIER
DANS L'ESPACE OHADA

Daouda DIA

AFFINER SA PLUME

UN GUIDE DE RÉDACTION POUR LE CHEF D'ENTREPRISE LE TRAVAILLEUR ET LE PARTICULIER DANS L'ESPACE OHADA

200 modèles de lettres, procès-verbaux et comptes rendus de réunion, rapports, notes de service, requêtes...

Préface d'Abdourahmane WATT

Président-directeur général du groupe COGEFI Afrique

Postface d'Abdoulaye DIOP

Directeur général du Conseil sénégalais des chargeurs

L'Harmattan Sénégal

10 VDN, Sicap Amitié 3, Lotissement Cité Police, DAKAR

senharmattan@gmail.com / senlibrairie@gmail.com

ISBN : 978-2-14-035521-9
EAN : 9782140355219

SOMMAIRE

Deuxième partie
Spécificités de certains écrits professionnels

DÉDICACE

À travers ce deuxième ouvrage[1], je voudrais rendre un vibrant hommage à la femme en général, à ma très chère mère en particulier. En effet, la femme occupe une place précieuse dans une société, en tant que mère, épouse, sœur, tante, belle-mère, belle-sœur, amie…

Bien que scolarisée, ma très chère mère a opté pour le statut de femme au foyer, afin d'assister son conjoint et d'encadrer ses enfants.

Sa sagesse et sa courtoisie exquise lui valent, à tout moment et en toute discrétion, de prodiguer des conseils, d'apporter un soutien multiforme et de formuler des prières.

Ma très chère mère est une source intarissable d'inspiration pour toute femme qui sacralise les principes et les valeurs dans une société. Puisse Dieu, dans sa miséricorde infinie, continuer de la couvrir de sa grâce et lui accorder une longue vie jalonnée d'une bonne santé !

Je dédie également cet ouvrage à ma très chère épouse, pour son soutien spontané et inestimable ainsi que sa vision entrepreneuriale.

---

[1] *Les Conseils des chargeurs : leviers pour l'émergence des pays africains*, premier ouvrage et seule référence actuelle en Afrique, est paru, en décembre 2021, aux éditions L'Harmattan Sénégal et en ligne depuis janvier 2022 sur Amazon. Cet ouvrage met en lumière le rôle central des Conseils des chargeurs, membres de l'Union des conseils des chargeurs africains (UCCA) dans l'émergence des pays africains en matière de réalisation d'infrastructures et de soutien aux compagnies maritimes. En effet, les Conseils des chargeurs sont des entreprises du secteur public ou parapublic, dont la mission principale est d'encadrer les chargeurs, communément appelés importateurs et exportateurs, dans l'acheminement de leurs marchandises sur toute la chaîne de transport. L'auteur a eu l'immense honneur de dédicacer un exemplaire à S.E.M. Macky SALL, Président de la République du Sénégal, Président de l'Union africaine, au cours de sa visite officielle, en février 2022, en Union des Comores. Il a également dédicacé un exemplaire à S.E.M. Azali ASSOUMANI, Président de l'Union des Comores.

REMERCIEMENTS

Je remercie tous ceux dont les conseils et le soutien ont largement contribué à l'élaboration de l'ouvrage, particulièrement :

- M. François COLLIN, Docteur en droit, Inspecteur général d'État de classe exceptionnelle, Ministre, Secrétaire général adjoint de la Présidence de la République du Sénégal ;
- M. Abdoulaye DIOP, ancien ministre, Directeur général du Conseil sénégalais des chargeurs (COSEC) et maire de Sédhiou ;
- M. Abdourahmane WATT, Président-directeur général du groupe COGEFI Afrique ;
- Mme Tchima MOUSTAPHA MAMADOU, Directrice générale du Conseil Nigérien des Utilisateurs des Transports publics (CNUT) ;
- M. Chamsouddine AHMED, Président de l'Union des chambres de commerce, d'industrie et d'agriculture (UCCIA) des Comores ;
- M. Ahamada HAMIDOU, Président du Tribunal de commerce de Moroni (Union des Comores) ;
- M. Andinane IBRAHIM, Conseiller à l'Ambassade de l'Union des Comores au Sénégal ;
- Pr Mayatta Ndiaye MBAYE, Maître de conférences agrégé en droit privé, Directeur général de l'École régionale supérieure de la magistrature (ERSUMA) ;
- M. Mafall FALL, Magistrat, Secrétaire exécutif de la Commission nationale OHADA, Conseiller technique du garde des Sceaux, Ministre de la Justice du Sénégal ;

- M. Ibrahima Moctala LO, Directeur du Livre et de la Lecture au Ministère de la Culture et du Patrimoine historique du Sénégal ;
- M. Momar Mada FALL, Directeur du Centre TRAINMAR de Dakar ;
- M. Weindé DIENG, Directeur de Échos Afrique Éditions ;
- M. Amadou KANE, Expert immobilier ;
- Maître Souleymane ABBA, ancien ministre, Avocat au Barreau de Bordeaux ;
- Maître Bernard LELIAS, Enseignant à l'école française Henri Matisse à Moroni ;
- M. Seidik ABBA, Journaliste et écrivain nigérien ;
- M. Latyr TOURÉ, Consultant formateur en ressources humaines et en gestion de projets.

Qu'ils trouvent ici le témoignage de mon infinie gratitude.

PRINCIPAUX SIGLES ET ABRÉVIATIONS

AGO	:	Assemblée générale ordinaire
CEDEAO	:	Communauté économique des États de l'Afrique de l'Ouest
CNUDCI	:	Commission des Nations unies pour le droit commercial international
CNUCED	:	Conférence des Nations unies sur le commerce et le développement
COC-Tchad	:	Conseil des chargeurs du Tchad
CA	:	Conseil d'administration
COSEC	:	Conseil sénégalais des chargeurs
DC	:	Directeur commercial
DRH	:	Directeur des ressources humaines
ERSUMA	:	École régionale supérieure de la magistrature
NINEA	:	Numéro d'identification national des entreprises et des associations
NIF	:	Numéro d'identification fiscale
OCDE	:	Organisation de coopération et de développement économique
OHADA	:	Organisation pour l'harmonisation du droit des affaires en Afrique
OMC	:	Organisation mondiale du commerce
PCA	:	Président du Conseil d'administration

PPP	:	Partenariat public-privé
RCCM	:	Registre du commerce et du crédit mobilier
UA	:	Union africaine
UCCA	:	Union des conseils des chargeurs africains
UCCIA	:	Union des chambres de commerce, d'industrie et d'agriculture des Comores
UEMOA	:	Union économique et monétaire ouest-africaine
ZLECAF	:	Zone de libre-échange continentale africaine

PRÉFACE

L'Afrique regorge de compétences hors du commun, capables d'œuvrer inlassablement au renforcement des capacités et à la valorisation du capital humain du continent, rendant ainsi possibles les chances d'une émergence menant au développement.

C'est au regard de cette mission cardinale que je me félicite de la parution de l'ouvrage de M. Daouda Dia, titré : ***Affiner sa plume : un guide de rédaction pour le chef d'entreprise, le travailleur et le particulier dans l'espace OHADA.***

En effet, le groupe COGEFI que je dirige depuis plus de trois décennies contribue inlassablement, dans le cadre du mandat qu'il s'est assigné, à rendre tangibles les chances du développement humain de l'Afrique, et ce, notamment dans le segment du conseil et de l'assistance en gestion financière des entreprises et institutions africaines.

Portant son regard vers l'avenir, à l'instar d'autres contributeurs homologues du continent, le groupe COGEFI Afrique est reconnu non seulement comme un leader dans ses métiers à l'échelle continentale, mais également comme un partenaire stratégique à l'international, grâce à ses filiales spécialisées : TOP Management Afrique (TMA), le Centre Africain pour le Renforcement des Capacités (CAPER INTERNATIONAL), la Compagnie d'Assistance Médicale Interafricaine (CAMI) et Afric'TIC, dédiée à l'accompagnement des entreprises et institutions dans les domaines SI et réseaux.

C'est de cet univers d'appartenances que procède mon admiration pour la contribution de M. Daouda Dia, qui a porté sur ma personne le choix de préfacer son livre. Ce grand honneur dépasse ma personne pour embrasser tous les Africains épris de paix, de prospérité et mus par le souhait ardent d'une intégration effective et complète, tant au niveau régional que continental.

À ce titre, j'exprime à l'endroit de M. Dia mes remerciements, félicitations et encouragements.

D'ailleurs, je l'ai connu dans ses fonctions de Directeur des Ressources humaines et des Affaires juridiques du Conseil sénégalais des chargeurs (COSEC), pilotant les programmes de formation et de politique sociale. À cet égard, je garde le souvenir d'un homme du sérail dévoué, compétent et rigoureux.

En juriste éclairé, il a présenté un plan en deux parties, subdivisées chacune en deux chapitres. Cette approche académique appuyée par un vécu professionnel dense dit la finesse de l'auteur et l'à-propos de son œuvre.

Dans une première partie, il nous édifie sur les règles de forme et de fond relatives à la rédaction des courriers d'entreprise. Dans ce registre, il prodigue des conseils éclairés d'ordre général mettant l'accent sur les éléments constitutifs des documents « lettres ». Il focalise ensuite ses développements sur les formules usuelles de rédaction, avant de recommander des modèles de courriers au chef d'entreprise, au travailleur et au particulier.

Dans une seconde partie, l'auteur met en orbite les autres écrits professionnels, tels que le courriel, le procès-verbal et le compte rendu de réunion.

Cette analyse minutieuse est corroborée par des modèles destinés à améliorer la qualité rédactionnelle en entreprise, alliant ainsi la théorie à la pratique.

Je recommande ce nouvel outil aux entreprises et institutions africaines, car il est une clé permettant d'accéder à une rédaction aisée et efficace des documents circulant dans le milieu professionnel.

Abdourahmane WATT

Président-directeur général du groupe COGEFI Afrique

TÉMOIGNAGE DE CHAMSOUDDINE AHMED

Il n'est pas coutume pour un homme d'affaires comorien d'apporter un témoignage sur le livre d'un auteur sénégalais ! Mais cet exercice est rendu possible, d'abord grâce aux enseignements dont les Comoriens ont bénéficié de professeurs sénégalais de haut niveau, venus aux « îles aux parfums », à l'aube de l'indépendance, dans le cadre d'un appui technique.

Ensuite, l'ouverture de notre pays au monde a permis la formation de ressources humaines de qualité et performantes dans le secteur public et le secteur privé ainsi que dans les organisations internationales et les institutions d'intégration africaine.

Éloignés géographiquement, le Sénégal et les Comores sont si proches, à travers la religion, la culture, la coopération bilatérale…

Ce livre est une manifestation de cette proximité. Il donne l'occasion de se remémorer la visite officielle en 1976, aux Comores, de Léopold Sédar Senghor, premier président de la République du Sénégal, qui constitue le point de départ d'une coopération fondée sur ces liens séculaires et fraternels.

C'est ainsi que le Sénégal mit à disposition ses représentations diplomatiques et consulaires, partout dans le monde où les Comores n'avaient pas accrédité une ambassade.

Je magnifie le renforcement de cette coopération par la signature de nouveaux accords, au cours de la visite officielle de Son Excellence Monsieur Macky Sall, Président de la République du Sénégal, Président en exercice de l'Union africaine, du 26 au 28 février 2022 aux Comores.

En cette honorable circonstance et en ma qualité de Président de l'Union des chambres de commerce, d'industrie et d'agriculture des Comores (UCCIA), j'ai signé un mémorandum d'entente avec le Président de la Chambre de commerce, d'industrie et d'agriculture de Dakar, dans les domaines suivants :

- la promotion des échanges et le développement des relations commerciales, industrielles et techniques entre les entreprises et les organisations économiques ;
- l'échange d'informations, notamment sur les dispositions juridiques en vigueur dans nos pays, les usages et l'arbitrage dans les litiges commerciaux ;
- l'instauration d'un cadre d'assistance mutuelle en matière de formation de cadres et d'opérateurs économiques ;
- l'organisation de foires et d'expositions dans le pays du partenaire, ayant pour but de stimuler la coopération entre les deux institutions.

À travers ce livre, l'auteur offre sur un plateau, un outil destiné à renforcer les capacités des chargeurs, habituellement appelés importateurs et exportateurs ainsi que celles des cadres du secteur privé.

Il est d'ailleurs un complément au premier ouvrage de l'auteur intitulé *Les Conseils des chargeurs : leviers pour l'émergence des pays africains*, paru en décembre 2021 aux éditions L'Harmattan Sénégal.

À cet égard, je remercie Monsieur Daouda Dia d'avoir réservé aux Comores la première cérémonie de lancement de cet ouvrage qui s'est tenue, le 25 février 2022 à Moroni, la veille de la visite officielle précitée, sous l'égide de l'UCCIA et :

- la présidence de Monsieur Mzé Abdou Mohamed Chanfiou, ministre de l'Économie devenu ministre des Finances, du Budget et du Secteur bancaire ;

- la présence de Monsieur Djaé Ahamada Chanfi, ministre de la Justice, et de Son Excellence Monsieur Doudou Sow, Ambassadeur du Sénégal en Union des Comores ainsi que de nombreuses personnalités.

Je recommande ces deux livres aux hommes d'affaires, cadres, universitaires, chercheurs, étudiants…

Félicitations et succès à ces œuvres qui révèlent une expertise africaine et une générosité intellectuelle.

Chamsouddine AHMED

Président de l'UCCIA,

Président-directeur général de NASSIB

TÉMOIGNAGE DE FRANÇOIS COLLIN

Je voudrais, avant tout, remercier Monsieur Daouda Dia de m'avoir associé à cet ouvrage en me demandant de porter un témoignage.

C'est une attention de sa part que j'ai d'abord accueillie avec surprise. En effet, associer quelqu'un qui a fait quasiment toute sa carrière dans l'administration publique à « un guide de rédaction pour le chef d'entreprise, le travailleur et le particulier dans l'espace OHADA » n'est pas forcément ce à quoi on peut s'attendre.

Mais, c'est un geste que j'ai perçu comme un honneur que j'ai accepté avec émotion, conscient du fait que beaucoup d'autres personnes, mieux placées que moi, auraient pu être appelées à s'acquitter de cet agréable, mais redoutable devoir, tant Monsieur Dia a eu à côtoyer de nombreuses et éminentes personnalités durant sa riche carrière.

En m'invitant, Monsieur Dia a certainement voulu associer à son ouvrage son promotionnaire de la faculté de droit de l'Université Cheikh Anta Diop de Dakar, où nous nous sommes rencontrés la première fois, avons appris à nous connaître et à nous apprécier mutuellement. Une attitude qui témoigne de la fidélité de Monsieur Dia en amitié. De cette période, je retiendrai que l'étudiant Daouda Dia était sérieux, discret, travailleur, consciencieux, méticuleux et organisé. Des qualités qui lui ont permis de faire la brillante carrière qu'on lui connaît au Conseil sénégalais des chargeurs (COSEC) et qui ont été des atouts certains pour la rédaction de cet excellent ouvrage.

Ce livre est facile et agréable à lire, dans un style simple, dépouillé et donc accessible. Il embrasse un champ très large de la rédaction, en se souciant des détails pour chacun des modèles de correspondances présentés.

L'auteur enrichit la théorie qu'il présente avec des exemples qui sont autant de cas pratiques puisés dans sa riche expérience qu'il partage avec le lecteur.

Et on découvre, alors, dans certains exemples, des similitudes entre cette rédaction plutôt orientée vers le privé et celle employée dans l'administration et le secteur public.

D'où son utilité pour toutes les personnes appelées, par leurs fonctions, à rédiger des correspondances « officielles », mais aussi, pour les particuliers désireux de s'adresser à un chef d'entreprise ou au responsable d'une administration.

J'adresse mes compliments à Monsieur Daouda Dia pour ce travail fouillé et je l'encourage à continuer à partager son expérience au travers d'ouvrages comme celui-ci.

François COLLIN
Docteur en droit, Inspecteur général d'État de classe exceptionnelle,
Ministre, Secrétaire général adjoint de la Présidence
de la République du Sénégal

AVANT-PROPOS

Cet ouvrage est une œuvre de praticien. Il est le résultat d'une longue carrière dans la gestion du capital humain et des questions d'ordre juridique au sein de plusieurs entreprises du secteur privé et du secteur parapublic régies par le droit de l'Organisation pour l'harmonisation du droit des affaires en Afrique (OHADA)[2].

---

[2] Acte uniforme révisé de l'OHADA du 30 janvier 2014 relatif au droit des sociétés commerciales et du groupement d'intérêt économique. L'OHADA est une organisation intergouvernementale qui regroupe, à date, 17 États membres, à savoir : Bénin, Burkina Faso, Cameroun, Congo, République Démocratique du Congo, Côte d'Ivoire, Gabon, Guinée, Guinée-Bissau, Guinée Équatoriale, Mali, Niger, République Centrafricaine, Sénégal, Tchad, Togo et Union des Comores. Dans une vision panafricaniste, les autorités de cette organisation ambitionnent de voir un jour le droit OHADA étendu sur l'ensemble du continent africain, dans le but de renforcer l'unité africaine à travers, entre autres, une monnaie unique et une zone économique de libre-échange. Quant au Pr honoraire Joseph Issa Sayegh, il appelle à la prudence en prônant « *la promotion du droit OHADA* » et non « *une politique ouverte d'adhésions massives non préparée* », dans sa communication : « L'OHADA : défis, problèmes et tentatives de solutions », in *Revue de droit unifié* (2008) ; https//www.unidroit.org/english/publications /rewiew/articles/2008-1&2/455-476.pdf.

Créée en 1993 à Port-Louis (Maurice), l'OHADA est un outil d'intégration juridique dans le cadre de l'harmonisation et de la modernisation du droit des affaires. Elle vise à faciliter les échanges et les investissements, à garantir la sécurité juridique et judiciaire des activités des entreprises. À cet effet, elle dispose de trois organes opérationnels, à savoir, l'organe normatif, l'organe judiciaire et l'organe exécutif.

L'organe normatif est le Conseil des ministres. Il a adopté dix instruments juridiques, dénommés Actes uniformes, qui instituent une législation commune aux États membres dans différentes matières. Sis à Abidjan (Côte d'Ivoire), l'organe judiciaire est la Cour commune de justice et d'arbitrage (CCJA). Le Secrétariat permanent incarne l'exécutif.

En outre, il n'a pas la prétention d'être un manuel de cours. Aussi, il n'a pas trait à la rédaction administrative, qui est destinée à « améliorer les rapports entre l'administration et les usagers du service public et les relations entre les agents administratifs eux-mêmes ».

Il se veut un guide sur la rédaction en entreprise, accessible au public, allant du particulier au président du Conseil d'administration (PCA) et au directeur général, en passant par les agents du secteur privé et du secteur parapublic. Il est également ouvert aux professionnels, professeurs et étudiants.

De plus, il est un moyen de :

- s'acquitter de « la dette de citoyenneté », expression que nous empruntons à Monsieur Mamadou Ndione, écrivain, maire de Diass et ancien directeur général du Conseil sénégalais des chargeurs (COSEC)[3] ;

Son siège se situe à Yaoundé (Cameroun). Il est actuellement dirigé par le Pr Emmanuel Sibidi Darankoum du Niger. L'École régionale supérieure de la magistrature (ERSUMA) est une institution de l'OHADA basée à Porto Novo (Bénin). Elle est chargée, entre autres, « *d'assurer la formation des magistrats, des auxiliaires de justice des États membres en droit harmonisé et en droit des affaires* ». À ce titre, elle est un centre de documentation et de recherche en matière juridique et judiciaire. Le Pr Mayatta Ndiaye Mbaye du Sénégal, Maître de conférences agrégé en droit privé, occupe les fonctions de Directeur général de cette institution. Par ailleurs, chaque pays membre se dote d'une Commission nationale OHADA, dont le poste de Secrétaire exécutif est généralement assuré par un magistrat. Celle-ci est une structure autonome, placée sous la tutelle technique du ministre chargé de la Justice, qui sert d'interface entre les acteurs nationaux du droit des affaires et les organes et les institutions de l'OHADA. Quelques textes réglementaires : décret n° 2008-1049 du 17 septembre 2008 portant création, attributions, organisation et fonctionnement de la Commission nationale pour l'OHADA (Sénégal) ; décret n° 09-998 PR-PM-MJ du 20 août 2009 portant création d'une Commission nationale pour l'OHADA (Tchad) ; décret n° 2009-323/PRN/MJ du 22 septembre 2009 portant création, attributions, organisation et fonctionnement de la Commission nationale pour l'OHADA (Niger) ; décret n° 010/13 du 23 mars 2010 portant création, organisation et fonctionnement de la Commission nationale pour l'OHADA (RDC) ; décret n° 12-125/PR du 29 mai 2012 portant création, attributions, organisation et fonctionnement de la Commission nationale pour l'OHADA (Union des Comores) ; décret n° 2012-965 du 2 octobre 2012 portant création, attributions, organisation et fonctionnement de la Commission nationale pour l'OHADA (Côte d'Ivoire).

[3] Le COSEC est un établissement public à caractère professionnel placé sous la tutelle technique du ministre des Pêches et de l'Économie maritime et la tutelle financière du ministre des Finances et du Budget du Sénégal. Sa mission principale est d'apporter une assistance multiforme aux importateurs et aux exportateurs sur toute la chaîne de

- témoigner pour la postérité, notamment à l'endroit de la jeunesse avide de connaissances.

Aujourd'hui, plus que jamais, l'émergence de nouveaux outils de communication impose une maîtrise des écrits professionnels dans le monde des affaires, dont plusieurs sont encadrés par le droit OHADA[4].

Ces écrits sont les différents types de textes produits dans le cadre professionnel, permettant de parler de l'entreprise et de ses activités. Ils se composent, principalement, des documents administratifs tels que les lettres, rapports, comptes rendus, procès-verbaux, e-mails et notes de service.

Leur conception ne nécessite guère une expertise. Elle demande simplement un entraînement et une maîtrise des bases de la grammaire et de l'orthographe ainsi qu'un savoir-faire, à travers « une technique d'expression écrite adaptée à la culture de l'entreprise ».

Dans ce sillage, la signature des écrits sus-évoqués engage l'entreprise à l'égard des tiers. Elle peut également engager la responsabilité civile et disciplinaire, voire pénale, du signataire, d'où l'importance de garder à l'esprit « que l'écrit laisse une trace ».

Assurément, la richesse et la complexité de la langue française requièrent de l'humilité. En la matière, le langage parlé diffère du langage écrit, rappelant ainsi les propos de Georges-Louis Leclerc, comte de Buffon : « Ceux qui écrivent comme ils parlent, quoiqu'ils parlent très bien, écrivent mal ».

---

transport multimodal et de contribuer à l'amélioration des conditions du transport maritime.

Cf. note 1 infra DIA (D.), *Les Conseils des chargeurs : leviers pour l'émergence des pays africains,* L'Harmattan Sénégal, 2021.

[4] Cf. note 2 infra.

INTRODUCTION

L'histoire de l'humanité est scindée en deux principales époques, à savoir, avant et après l'écriture, selon les savants. L'apparition de l'écriture marque ainsi le passage de la préhistoire à l'histoire, enseigne-t-on !

En effet, le moyen d'expression de l'homme primitif passait par l'utilisation d'objets symboliques, de nœuds, d'entailles et de dessins, afin de fixer la parole et d'exprimer sa pensée.

Les chercheurs s'accordent sur le fait que l'écriture a pu provenir et se développer, indépendamment, dans au moins quatre civilisations anciennes :

- la Mésopotamie entre 3400 et 3100 avant Jésus-Christ ;
- l'Égypte environ 3250 avant Jésus-Christ ;
- la Chine vers 1200 avant Jésus-Christ ;
- les zones de plaine du sud du Mexique et du Guatemala vers 500 avant Jésus-Christ.

En somme, l'écriture archaïque sumérienne, provenant du pays de Sumer, devenu l'Irak ainsi que les hiéroglyphes égyptiens sont généralement considérés comme les premiers véritables systèmes d'écriture.[5]

---

[5] - CALVET (J. C.), *Histoire de l'écriture*, Collection Pluriel, 2011.

- GALIEN (C. L), *Homo, Histoire Plurielle d'un genre singulier*, PUF, http//classes.bnf.fr/dossiercr/index.htm.

- FERRARA (S.), *La fabuleuse histoire de l'invention de l'écriture*, Seuil, 2021.

Dans les sociétés traditionnelles, la parole humaine a une valeur culturelle, voire morale, et engage l'homme dans tous les domaines de la vie.

Dès le bas âge, les parents inculquent aux enfants la valeur des mots et leur pouvoir, autrement dit, l'apprentissage à tenir sa parole et ses engagements. C'est la raison pour laquelle tout usage de la parole « engage au plus profond l'éthique » et suppose la confiance.[6]

Son respect est une obligation morale, issue du droit canonique[7], selon laquelle toute promesse non tenue est constitutive d'un péché. Cette pratique traduit la théorie de l'autonomie de la volonté. D'après cette théorie, le contrat est la loi des parties.

Elle a inspiré le législateur français, comme théorie générale des contrats, au moment de la rédaction du Code civil.[8]

- RENOUARD (M.), *Naissance des écritures*, Ouest-France, 2015.

[6] L'importance de la parole dans la vie quotidienne nous a conduit à sélectionner quelques citations tirées du site https://citation-celebre.leparisien.fr :

- BOUZIANE (H.), « *Parole donnée vaut balle tirée, en vérité* ».

- KEÏTA (M.), « *Est digne de confiance une personne dont l'acte est constamment en conformité avec la parole donnée* ».

- RICHARD (P. L.), « *Il y a cet honneur dans la parole donnée que seuls les gens qui tiennent la leur ont* ».

- ZILEVOU (A.), « *Lorsque la parole donnée n'est plus respectée, l'honneur fragilisé s'expose* ».

[7] Le droit canonique ou droit canon est un droit de la grâce. Il désigne l'ensemble des lois et des règlements pris par l'autorité dirigeante de l'Église, communément appelée l'autorité ecclésiastique, dans le cadre de l'organisation et du fonctionnement de l'Église et de ses membres. Ses premières sources proviennent du Nouveau Testament. Il s'est élaboré progressivement, s'inspirant du corpus juridique romain.

- DURAND (B.), *Histoire comparative des institutions (Europe-Arabie-Afrique)*, NEA, 1983.

- Université Numérique Juridique Francophone (UNJF), *Introduction histoire du droit*, https://cours.unjf.fr.

[8] Le droit civil est une branche du droit privé applicable à tous les citoyens, c'est-à-dire aux personnes privées, qu'elles soient des personnes physiques ou morales. C'est la raison pour laquelle il est qualifié de droit commun. « Civil » vient du latin « *civilis* » qui est un dérivé de « *civis* » signifiant « *citoyen* ». Datant en France de 1804, le droit civil a trait principalement au droit des obligations, des contrats, des contrats spéciaux, de la famille, des personnes, des biens et des successions. Il devient laïc et s'arroge des domaines qui relevaient de la compétence de l'Église catholique, en particulier l'état civil et le mariage.

Dans la société moderne, la parole « a perdu de son poids », alors qu'elle était « d'or ». Cette « dévaluation » est devenue une réalité liée, entre autres, aux intérêts individuels et à la banalité de la parole, notamment avec l'usage abusif de vocables, tels que « *In shaa Allah* »[9] et « *diégueulme* »[10].

Force est de constater que nous vivons les siècles de la civilisation écrite, où l'écrit se substitue de plus en plus à l'oralité : « Les paroles s'envolent et les écrits restent », a-t-on coutume de dire !

Dans ce cadre, l'État, en tant que garant de l'intérêt général et en vertu de sa puissance publique, a institué des offices à l'effet d'attester de l'authenticité de certains actes par des personnes dûment habilitées, notamment les officiers d'état civil et les notaires.

Relativement aux correspondances, les plus anciennes ont été retrouvées en Asie et datent du IIIe millénaire avant Jésus-Christ. Il s'agissait d'échanges administratifs entre marchands. Durant l'Antiquité et le Moyen-Âge, les lettres étaient transmises par des messagers.

Aujourd'hui, avec l'avènement et l'omniprésence de l'e-mail, la lettre en support papier et sous forme électronique se révèle essentielle, afin de favoriser la qualité des relations et trouver des solutions idoines aux questions, permettant ainsi à l'entreprise d'atteindre les objectifs qui sont assignés.

Dans cette quête quotidienne de l'efficacité et de l'efficience, les écrits professionnels doivent être adaptés à la vie de l'entreprise.

Elle appelle au respect, par tout rédacteur, des règles et usages en matière de conception des lettres ainsi que des autres écrits

---

- CARBONNIER (J.), *Droit civil introduction,* 27e édition refondue, PUF, 2002.

- DRUFFIN-BRICCA (S.), *L'essentiel de l'introduction générale au droit,* Gualino, 2021.

- PARQUET (M.), *Introduction générale au droit,* Bréal, 2013.

[9] Mot d'origine arabe signifiant : « *Si Allah le veut* » ou « *S'il plaît à Dieu* ». Il est utilisé par les musulmans pour exprimer un désir ou se projeter sur des actions futures.

[10] Mot wolof signifiant « *Pardonnez-moi* » ou « *Excusez-moi* ». Le wolof s'était imposé, dès l'indépendance du Sénégal, comme principale langue nationale. Il est parlé par au moins 90 % de la population actuelle. À titre illustratif, le Président de la République s'exprime, généralement, en langue officielle française, avant de faire une adresse en wolof. De nos jours, celui-ci est resté une langue nationale parmi d'autres, telles que le pulaar, le joola, le sérère et le soninké. Son expansion a atteint la Gambie et la Mauritanie.

professionnels, notamment les mails, les rapports, les procès-verbaux de réunion des instances délibérantes[11], les comptes rendus, les notes, les attestations et les certificats[12].

C'est ainsi que l'ouvrage aborde les thématiques susvisées et propose des modèles d'écrits en abondance dans l'espace OHADA.[13]

Ces thématiques s'articulent, principalement, sur deux axes : d'une part, les règles relatives à la rédaction professionnelle (Première partie), et d'autre part, les spécificités de certains écrits professionnels (Deuxième partie).

---

[11] Cf. note 2 sur l'Acte uniforme révisé de l'OHADA du 30 janvier 2014 relatif au droit des sociétés commerciales et du groupement d'intérêt économique.

[12] Loi n° 97-17 du 1er décembre 1997 portant Code du travail du Sénégal in http://www.ilo.org ou http://www.Droit-Afrique.com.

[13] Cf. note 2 infra.

PREMIÈRE PARTIE

DES RÈGLES RELATIVES À LA RÉDACTION PROFESSIONNELLE

CHAPITRE 1

RÈGLES DE FORME

Ce chapitre comprend, d'une part, les principaux conseils en matière de rédaction en entreprise, et d'autre part, les éléments d'une lettre.

Section 1

Les dix conseils généraux en rédaction

1. **Élaborer un plan** aux fins de hiérarchiser les informations par ordre chronologique, en allant du particulier au général. Ainsi, l'introduction rappelle l'objet de la lettre en faisant référence à l'affaire concernée ou à la correspondance précédente. Le développement fournit les explications et expose les arguments. La conclusion fait apparaître la proposition énoncée, la solution adoptée ou la décision prise. Après ces étapes, la prudence recommande une lecture par soi-même et une relecture par un collègue ou un tiers, si la lettre n'a pas un caractère confidentiel.

2. **Choisir des mots** adaptés à votre destinataire, afin de transmettre efficacement le message et convaincre dans l'argumentaire.

3. **Aller à l'essentiel** en étant concis et en évitant les redondances et les longs écrits, surtout ceux destinés à des autorités étatiques. Au besoin,

il est souhaitable de joindre des documents pour étayer ses propos. À titre illustratif, une lettre adressée au président de la République pourrait tenir sur une page en support papier A4.

4. **Utiliser des mots de liaison** pour renforcer la cohérence, tels que : *en outre, en effet, à cet effet, par ailleurs, ainsi, puis, d'abord, ensuite, enfin, dans un premier temps, dans un second temps*, etc.

5. **Moduler son ton** de manière à ne citer personne dans les moments délicats, au risque d'engager sa responsabilité en cas de litige. Aussi, le ton doit être cordial lors d'une réclamation ou d'une contestation. Il peut être ferme, mais courtois pour une relance.

6. **Se garder de débuter toutes les phrases** par « Je » ou « Nous » pour ne pas rendre monotone la lettre. Il est loisible de mettre des mots de liaison ou des adjectifs. De même, il n'est pas indiqué d'utiliser indistinctement ces pronoms dans une même correspondance.

Au demeurant, il est déconseillé d'employer « On », pronom indéfini. L'usage de « Je » ou « Nous » s'avère meilleur.

7. **Éviter les abréviations** « Mme », mais plutôt « Madame », et « M. », mais plutôt « Monsieur », dans la formule d'appel et celle de politesse. Il est admis d'abréger ces titres de civilité dans le corps de la lettre.

8. **Utiliser de préférence le conditionnel** qui est plus courtois que le futur. Ce dernier est plus impératif.

9. **Adresser la lettre à un responsable** et non à une Direction ou à un Service, en précisant « Monsieur » ou « Madame » dans la case réservée au destinataire.

10. **Veiller au respect des règles et usages** lorsqu'il s'agit d'adresser une lettre à une autorité étatique, pour l'image de l'entreprise.

Section 2

Éléments d'une lettre

Une entreprise vit l'effet miroir par le biais des documents qu'elle transmet à ses partenaires.

Par conséquent, elle est tenue de soigner en permanence son image au moment de la rédaction et de la transmission de ses documents.

À cet effet, la charte graphique permet d'apporter une touche esthétique aux différents outils de communication écrite.

Il existe en la matière des règles et des usages de mise en forme qui facilitent la lisibilité, à savoir, le support, la mise en page et la typographie.

Relativement au support, une lettre est présentée sur un papier uni, de couleur blanche et de format A4.

I. La mise en page

La mise en page de la lettre consiste à répartir les informations sur la page, selon la méthodologie suivante :

1. **L'entête** est logé dans l'angle supérieur gauche et parfois au centre. Il permet d'identifier l'expéditeur de la lettre et regroupe le logo, la raison sociale, l'adresse, le numéro de téléphone, le fax, le mail, etc. Certains éléments précités peuvent figurer en pied de page, en dehors du numéro de registre de commerce, du numéro d'identification national des entreprises et des associations (NINEA)[14] et des coordonnées bancaires.

2. **Le lieu et la date** sont placés à l'angle supérieur droit. Ils concernent la ville, suivie de la date d'expédition en entier, à savoir, les jour, mois et année.

3. **L'adresse** est positionnée sous le lieu et la date. Elle indique l'expéditeur et les coordonnées du destinataire. De plus, elle est un critère qui détermine la compétence « *ratione loci* » de la juridiction appelée à connaître d'un éventuel litige.[15]

---

[14] Numéro unique attribué par l'Administration et par lequel une entreprise ou une association est enregistrée dans un répertoire lui permettant d'être identifiée, à tout moment, dans le cadre de démarches administratives. Ce numéro doit figurer sur « les lettres, factures, quittances et reçus... ». Au Sénégal, le NINEA est organisé par le décret 95-364 du 14 avril 1995 abrogeant et remplaçant le décret 86-1014 du 19 août 1986.

[15] L'expression signifie « en raison du litige ». La compétence « *ratione loci* » est invoquée dans les litiges où est soulevé un moyen portant sur la compétence territoriale. En général, il s'agit du lieu du domicile du défendeur ou celui de l'exécution de la prestation de service. http://www.lex-publica.com.

4. **L'objet** figure à gauche et contient de manière succincte la question abordée. Il permet au destinataire d'identifier rapidement la lettre et de l'acheminer vers le service concerné.

En outre, il tient idéalement sur une seule ligne. Pour des raisons de précision, il peut aller au-delà.

5. **La référence** apparaît avant l'objet pour rappeler les courriers antérieurs auxquels se reporte le rédacteur. Il s'agit, le plus souvent, des initiales du signataire de la lettre, suivies de celles de la secrétaire ou d'un ordre de classement.

6. **Le corps** de la lettre est la partie centrale introduite par un titre de civilité appelé formule d'appel. À titre illustratif, on peut citer « Madame », « Mademoiselle », « Monsieur », « Monsieur le Directeur général », « Monsieur le Président de la République », « Monsieur le Ministre », « Maître ».

Il est superfétatoire de faire précéder les formules susvisées par un adjectif possessif, comme « Ma chère Madame », « Mon cher Monsieur », « Mon cher Maître ».

Les appellations « Chère Madame », « Cher Monsieur », « Cher Maître » sont parfaitement adaptées à la rédaction professionnelle.

Dans le corps de la lettre, chaque nouveau paragraphe s'aligne sur la formule d'appel.

Il est important de signaler les deux présentations généralement admises, à savoir :

- la française, où le texte présente un retrait de 0,5 cm sur la première ligne de chaque paragraphe ;
- l'américaine, où le texte est aligné contre la marge gauche, au même titre que le lieu, la date et l'adresse.

La formule de politesse est le dernier paragraphe de la lettre avant la signature. Elle reprend obligatoirement, dans sa formulation, la formule d'appel.

Exemples :

Je vous prie d'agréer, Madame, l'assurance de ma respectueuse considération.

Saluant notre partenariat productif, je vous assure, cher Monsieur, de ma considération distinguée.

7. **La signature** manuscrite, de préférence au stylo bleu, est apposée au bas de la lettre, à droite ou au centre, par le détenteur de l'autorité ou par un autre signataire, qui en est dûment habilité. Elle confère à la lettre sa force probante en cas de différend.[16]

Dans tous les cas, les indications de titre (Président-directeur général, Directeur général, Administrateur Directeur général, Gérant) par un cachet et celles du patronyme du signataire doivent apparaître sur la lettre. Le patronyme porte la signature, enseigne-t-on.

Exemple :

(Signature)
(Prénom et nom)

Les mentions « Lu et approuvé » et « Bon pour accord », généralement exigées par l'une des parties, paraissent superfétatoires dès lors que la signature est l'expression matérielle d'une volonté librement consentie. En effet, elles « ne renforcent en rien la valeur juridique d'un document. Elles sont utilisées par les organismes pour sensibiliser le signataire ».[17]

---

[16] La preuve est un élément fondamental en droit. Il existe une diversité de modes de preuve en droit civil, parmi lesquels l'écrit, le témoignage, le serment, l'aveu, l'expertise. Aujourd'hui, la preuve écrite dispose d'une force probante sans égard. Elle peut être préconstituée : soit sous la forme d'un acte authentique instrumenté par un officier public (notaire, officier d'état civil, huissier de justice, etc.), soit sous celle d'un acte sous seing privé. Dans ce dernier cas, l'acte est établi par les parties sans l'entremise d'un officier public. Le vocable « seing » signifie « signature ». Les conditions de validité de cet acte sont relatives à la signature des parties et à son établissement en autant d'originaux qu'il existe de parties, s'il s'agit de contrats synallagmatiques (bilatéraux). Mais les progrès techniques ont rendu nécessaire une réforme du droit de la preuve avec l'avènement de l'écrit électronique. Il s'agit d'une adaptation des règles classiques autour de l'écrit rédigé sur un support papier face aux spécificités des contrats conclus à distance, via internet (télécontrats, télépaiement, etc.).

- BARGIBANT (L.), « La justice, une affaire de preuve plus que de vérité », http://www.village-justice.com.

- HOUNKPE (J. C.), *Le droit de la preuve dans l'espace OHADA,* L'Harmattan, 2021.

- OUATTARA (A.), *La preuve électronique. Étude de droit comparé Afrique, Europe, Amérique*, PUAM, 2011.

- ROUAS (F.), « Qu'est-ce qu'une preuve en droit ? Comment établir une preuve ? », http://www.avocat-rouaselbazis.com.

- VUITTON (X.), *Droit de la preuve : principes et mise en œuvre processuelle*, LexisNexis, 2017.

[17] Cf. BRAHIC (M.), *Mieux rédiger ses écrits professionnels*, éditions Eyrolles.

8. **Les pièces jointes** sont indiquées en bas de la page, s'il y a lieu, précédées de la mention « P.J. » et selon les deux possibilités ci-après :

- soit les pièces sont listées avant d'être annexées ;
- soit elles sont annexées après mention de leur nombre.

II. La typographie

La typographie définit les principaux attributs des polices de caractères, notamment l'écriture et les espaces. À ce titre, elle est destinée à rendre attrayante la lettre, à travers une meilleure lisibilité et une efficacité dans la transmission du message à véhiculer.

Ces principaux attributs concernent le style et la taille.

1. **Le style** existe sous trois formes, à savoir : normal, **gras** et *italique*. La forme « normal » est la plus usitée dans les lettres commerciales et administratives. L'utilisation des autres outils doit se faire avec modération.

2. **La taille** 12 est recommandée, en raison de sa lisibilité pour le corps du texte. Il est également d'usage d'appliquer « Times New Roman » ou « Tahoma », avec un interligne simple ou tout au plus 1,5.[18]

---

[18] Cf. TYPOGRAPHIE : le guide complet pour tout comprendre - Canva, https://www.canva.com.

CHAPITRE 2

RÈGLES DE FOND

Les règles de fond s'articulent sur trois points, à savoir, les formules de rédaction usuelle, celles tendant à une meilleure lisibilité et les formulations de prudence en matière de rédaction professionnelle.

Section 1

Formules de rédaction usuelle

Elles ont trait aux formules introductives, à celles utilisées dans le corps d'une lettre, en conclusion et courtoisement.

I. Formules introductives

Les formules introductives sont de trois ordres. Certaines font référence à un échange précédent entre l'expéditeur de la lettre et le destinataire. D'autres annoncent un premier contact entre ces personnes.

D'autres encore sont consacrées, lorsqu'il s'agit de s'adresser à l'Administration.

1. Faisant référence à un échange

Exemples :

J'accuse réception de votre lettre en date du 12 mai 2022 visée en référence, par laquelle...

Il me plaît d'accuser réception de votre lettre en date du 12 mai 2022 visée en référence, par laquelle...

Il m'est agréable d'accuser réception de votre lettre en date du 12 mai 2022 visée en référence, par laquelle...

Faisant suite à votre lettre en date du 12 mai 2022 visée en référence...

Par lettre en date du 12 mai 2022 visée en référence...

Suite à notre entretien téléphonique...

2. Ne faisant pas référence à un échange

Exemples :

J'ai le plaisir de...

J'ai l'avantage de...

C'est assurément avec...

3. À l'endroit d'une Administration

Exemples :

J'ai l'honneur de solliciter auprès de votre haute bienveillance...

J'ai l'insigne honneur de...

J'ai l'avantage de vous informer...

Je voudrais vous remercier de l'audience...

C'est assurément avec...

II. Formules utilisées dans le corps d'une lettre

Une lettre exprime en général une demande ou expose des faits. Sa cohérence est renforcée par des mots de liaison.

1. Exprimant une demande

Exemples :

Je vous prie de bien vouloir...

Je sollicite auprès de votre bienveillance...

Je vous propose...

2. Exposant des faits

Exemples :

Je me permets de vous informer... (Formule souple)

Je crois devoir attirer votre attention... (Formule autoritaire)

Je constate...

Je vous signale...

Je vous confirme...

3. Renforçant la cohérence

La cohérence d'une lettre nécessite le recours à des outils permettant l'introduction de paragraphes successifs, la transition d'une idée à l'autre et la précision.

Exemples :

en outre...	*à cet effet...*
au demeurant...	*à cet égard...*
par ailleurs...	*en effet...*
tout d'abord..., ensuite..., enfin...	*notamment...*
de même...,	*en ce qui concerne...*
non seulement..., mais...,	*cependant...*
d'une part..., d'autre part...,	*mais...*
dans un premier temps..., dans un second temps...,	*toutefois...*
il s'y ajoute...,	*dès maintenant...*

III. Formules de conclusion

Elles peuvent être rangées en deux catégories, à savoir :

- les formules impératives ;
- les formules atténuées.

À titre illustratif, l'expéditeur de la lettre peut agir en qualité de chef d'entreprise pour une mesure disciplinaire ou une mise en demeure adressée à un partenaire.

Par conséquent, je vous inflige une mise à pied de trois jours...

Je vous invite, en conséquence, à procéder au paiement de la facture précitée sous huitaine.

Il peut s'agir du travailleur qui formule une réclamation dans le cadre de l'exécution de son contrat de travail.

Conformément à la législation en vigueur, je vous remercie de bien vouloir me délivrer, sous huitaine, un certificat de travail.

En revanche, la formule de conclusion peut être atténuée par l'emploi du conditionnel ou du présent.

Je vous serais reconnaissant...

Je vous saurais gré...

Je vous remercie en conséquence...

Je vous prie de bien vouloir...

IV. Formules de politesse

La formule de politesse ou de courtoisie vaut lorsqu'il y a une formule d'appel : « Monsieur le Directeur général », « Monsieur le Ministre », etc. Elle est spécifique aux circonstances et dépend du statut du destinataire.

En relation avec l'expression d'une demande, il est possible de donner des exemples.

Dans cette attente, je vous prie d'agréer, Monsieur le Directeur général, l'assurance de ma considération distinguée.

Restant à votre entière disposition pour toute information complémentaire, je vous prie de croire, Monsieur le Directeur général, en l'assurance de mes sentiments respectueux.

En vous remerciant par avance de l'attention que vous voudrez bien prêter à ma demande, je vous prie d'agréer, Monsieur le Directeur général, l'assurance de ma considération distinguée.

À titre de rappel, un homme présente ses hommages et non ses sentiments à une femme. De même, une femme doit éviter de présenter ses sentiments à un homme.

Exemples :

Je vous prie d'agréer, Monsieur le Directeur général, l'hommage de mon respect.

Je vous prie de croire, Madame la Directrice générale, en l'assurance de ma considération distinguée.

Relativement aux hautes personnalités, les formules de courtoisie sont très déférentes.

Exemples :

Je vous prie d'agréer, Excellence Monsieur le Président de la République, les assurances de ma très haute considération.

Je vous prie d'agréer, Monsieur le Président de la République, l'expression de ma très haute et respectueuse considération ainsi que de mon entier dévouement.

Je vous prie d'agréer, Monsieur le Premier ministre, les assurances de ma haute considération.

Je vous prie d'agréer, Monsieur le Ministre, l'assurance de ma haute considération.

Par ailleurs, il existe des formules standard que l'entreprise peut utiliser dans les écrits professionnels.

Exemples :

Je vous assure, Monsieur, de ma considération distinguée.

Je vous prie d'agréer, Monsieur, l'assurance de mes salutations distinguées.

Section 2

Formules tendant à une meilleure lisibilité

I. Respect de la ponctuation

Les règles de la ponctuation doivent être respectées au même titre que celles de l'orthographe. Elles concernent en général, le point (.), la virgule (,), le point-virgule (;), le deux-points (:), le point d'interrogation (?), le point d'exclamation (!), les points de suspension (…), les parenthèses (), les tirets (-) et les guillemets (« »).

Il est d'abord important de signaler que ces signes ne sont jamais placés au début d'une phrase.

Ensuite, les principales difficultés d'utilisation dans les écrits professionnels se situent au niveau du deux-points, des tirets et des points de suspension.

En effet, les deux points annoncent en général une énumération et soulignent une relation souvent de cause à effet. Il n'y a pas de majuscule après deux points, surtout dans le cas d'énumération précédée par des tirets.

Ces derniers marquent une séparation dans une phrase où ils jouent le même rôle. Cette règle fait exception lorsqu'il s'agit de noms propres et du premier mot d'une citation.

Les points de suspension montrent que la phrase est inachevée ou interrompue. Ils se manifestent par trois points. On peut également employer « etc. ».[19]

Exemple 1

Exemple fautif

Amadou Hampathé Bâ disait : « un vieillard qui meurt est une bibliothèque qui se consume ».

Exemple correct

Amadou Hampathé Bâ disait : « Un vieillard qui meurt est une bibliothèque qui se consume ».

---

[19] Le guide du rédacteur, « La ponctuation », in http://www.termiuplus.gc.ca.

Exemple 2

Exemple fautif

Je vous remercie de bien vouloir me faire parvenir, dans les meilleurs délais, les documents suivants :

- *Le procès-verbal de la réunion du Conseil d'administration du 12 avril 2022 ;*
- *L'extrait de résolution relatif à la grille des salaires ;*
- *Les états financiers certifiés de l'exercice 2020.*

Exemple correct

Je vous remercie de bien vouloir me faire parvenir, dans les meilleurs délais, les documents suivants :

- *le procès-verbal de la réunion du Conseil d'administration du 12 avril 2022 ;*
- *l'extrait de résolution relatif à la grille des salaires ;*
- *les états financiers certifiés de l'exercice 2020.*

II. Respect de la même forme grammaticale pour les messages de même niveau

La lisibilité en rédaction professionnelle nécessite le respect d'une harmonie grammaticale, après les deux points.

Exemples

Exemple fautif

À l'appui de ma lettre de motivation, je vous adresse les pièces ci-jointes :

- *portant sur mon curriculum vitae ;*
- *concernant les copies légalisées de mes diplômes ;*
- *l'extrait de naissance ;*
- *un casier judiciaire ;*
- *le certificat de visite et de contre-visite ;*
- *un certificat de bonne vie et mœurs.*

Exemple correct

À l'appui de ma lettre de motivation, je vous adresse les pièces ci-jointes :

- *le curriculum vitae ;*
- *les copies légalisées de mes diplômes ;*
- *l'extrait de naissance ;*
- *le casier judiciaire ;*
- *le certificat de visite et de contre-visite ;*
- *le certificat de bonne vie et mœurs.*

III. Dualité entre l'emploi de la première personne du singulier « Je » ou du pluriel « Nous »

Une entreprise est dirigée par une personne physique, qui est investie des pouvoirs les plus larges, dans le cadre de la gestion quotidienne.[20]

Cette personne physique agit en qualité de chef d'entreprise et engage la structure à l'égard des tiers.

L'utilisation de « Je » dans une lettre marque l'engagement de l'entreprise. Elle est indiquée en toute circonstance et quel que soit le destinataire.

En outre, elle s'applique à toute personne qui agit au nom et pour le compte de l'entreprise, en particulier en cas d'intérim ou de délégation de signature.

Elle vaut également pour le particulier qui adresse une correspondance au chef d'entreprise, au président de la République, au ministre…

Exemples 1

Suite à notre entretien téléphonique suivi de votre lettre en date du 28 février 2022 visée en référence, je marque mon accord de différer le paiement de votre dette au 30 juin 2022.

J'accuse réception de votre lettre en date du 12 mai 2022 visée en référence, par laquelle vous proposez la tenue de la prochaine réunion de travail, au plus tard le 30 juin 2022.

Après consultation des membres de la commission, j'adhère à cette proposition.

---

[20] Cf. note 2 infra sur l'Acte uniforme révisé de l'OHADA du 30 janvier 2014 relatif au droit des sociétés commerciales et du groupement d'intérêt économique.

Faisant suite à votre lettre en date du 12 mai 2022 visée en référence, j'adhère à votre proposition de tenir notre prochaine réunion de travail à la date butoir du 30 juin 2022.

En ce qui concerne le travailleur, sa relation avec l'employeur est fondée, principalement, sur le lien de subordination qui caractérise le contrat de travail.[21]

L'emploi de « Je » ou de « Nous » dépend de la nature de l'écrit professionnel. S'agissant d'une demande liée à l'exécution du contrat de travail, il utilise « Je » et un support papier libre. C'est le cas pour les lettres relatives à une demande de permission, de congés annuels, etc.

Exemples 2

Pour des raisons de famille, j'ai l'avantage de solliciter auprès de votre haute bienveillance une autorisation d'absence de quatre (4) jours, couvrant la période du 24 au 27 mai 2011.

Conformément au programme annuel, je vous saurais gré de bien vouloir autoriser la jouissance de mes congés annuels, à compter du 1er novembre 2020.

En revanche, le travailleur utilise « Nous » et un support papier avec l'entête de l'entreprise pour les écrits professionnels ayant trait à l'accomplissement de ses tâches, tels que les rapports, notes, etc.

Cette attitude participe de la courtoisie et de la latitude laissée à l'employeur dans la prise de décision.

Exemples 3

Au regard de la législation en vigueur et des statuts de la société, nous recommandons les principales actions ci-après : ...

Nous vous souhaitons bonne réception de la présente et vous assurons, Monsieur le Directeur général, de nos sentiments respectueux et dévoués.

Ces indications sont surtout respectées dans les entreprises publiques et parapubliques.[22] En revanche, le recours à la première personne du pluriel prédomine dans les entreprises privées.

---

[21] Cf. note 12 infra.

[22] Cf. note 1 infra DIA (D.), *Les Conseils des chargeurs : leviers pour l'émergence des pays africains*, L'Harmattan Sénégal, 2021.

Par le principe de l'engagement sus-évoqué, une lettre est adressée à un responsable (directeur général, gérant, directeur, chef de service, etc.) et non à une Direction, une gérance, etc. À sa convenance, le signataire peut préciser ou non les prénom et nom du destinataire.

Exemples 4

« *À Monsieur le Directeur général* » et non « *À la Direction générale* »

« *À Monsieur le Directeur des Ressources humaines* » et non « *À la Direction des Ressources humaines* »

« *À Madame le Chef de Service achats* » et non « *Au Service Achats* »

Cette précision est d'autant plus importante lorsque l'entreprise s'adresse à l'État et à ses démembrements.

Exemples 5

« *Madame le Ministre de la Pêche et de l'Économie maritime* » et non « *Au Ministère de la Pêche et de l'Économie maritime* »

« *Monsieur le Directeur général du COSEC* » et non « *À la Direction générale du COSEC* »

« *Monsieur le Directeur général des Impôts et Domaines* » *et non* « *À la Direction générale des Impôts et Domaines* »

IV. Utilisation de l'expression « ci-joint »

L'expression « ci-joint » s'accorde avec le nom auquel elle se rapporte. Placée après le nom, elle s'accorde. Dans ce premier cas, elle est un adjectif.

Exemples :

À cet effet, je vous adresse la copie légalisée ci-jointe.

Vous trouverez les copies ci-jointes au présent courrier.

Cette expression est invariable lorsqu'elle est située avant le nom. Dans ce second cas, elle devient un adverbe.

Exemples :

À cet effet, je vous adresse, ci-joint, la copie légalisée.

Vous trouverez, ci-joint, les copies au présent courrier.

V. Règle du participe passé en début de phrase

L'emploi du participe passé au début d'une phrase répond au respect de la règle grammaticale.

Exemples fautifs :

Saluant notre partenariat productif, veuillez agréer, Monsieur le Directeur général, l'assurance de ma considération distinguée.

Restant à votre entière disposition pour toute information complémentaire, veuillez agréer, Monsieur le Directeur général, l'assurance de ma considération distinguée.

Exemples corrects :

Saluant notre partenariat productif, je vous prie d'agréer, Monsieur le Directeur général, l'assurance de ma considération distinguée.

Restant à votre entière disposition pour toute information complémentaire, je vous prie d'agréer, Monsieur le Directeur général, l'assurance de ma considération distinguée.

Dans les deux cas, « saluant » et « restant » n'ont pas le même sujet que « veuillez ».

VI. Inversion du sujet après « aussi »

La règle de l'inversion du sujet après le mot « aussi » est apparemment controversée chez les auteurs.[23]

En tout état de cause, la majorité s'accorde sur le fait que sa présence en début de phrase entraîne l'inversion du sujet.

Il devient une conjonction et « marque une conséquence ou une explication ». Dans ce cas, le verbe et le sujet introduits par ce mot sont généralement inversés.

---

[23] Cf. GREVISSE (M.) - GOOSSE (A.), *Nouvelle grammaire française : Grammaire*, volume 103, De Boeck.

Exemples :

Je vous ai attendu en vain pour un entretien de recrutement. Aussi suis-je dans l'obligation de faire un rapport au Directeur général sur la question.

Votre dossier de candidature au poste d'analyste financier est incomplet. Aussi vous demanderai-je de bien vouloir le compléter, au plus tard dans les quarante-huit (48) heures qui suivent la réception de la lettre.

Il est possible d'éviter cette inversion en faisant suivre « aussi » par une virgule. Dans le même sillage, ce mot est un adverbe lorsqu'il a le sens de « également », « en outre » ou « de plus ». Dans ces emplois, il s'écrit à la suite d'un vocable qu'il détermine.

Exemples :

Le budget de l'exercice 2022 prévoit une hausse de 20 % des investissements. Il intègre aussi une dotation relative aux pèlerinages aux lieux saints.

Le quorum n'est pas atteint pour la tenue de la réunion. La trésorerie actuelle ne permet pas aussi le versement de jetons de présence.

VII. Usage à bon escient des majuscules

Il est d'usage de placer une majuscule dans les formules d'appel et de courtoisie.

Exemples 1

Monsieur le Ministre,

Monsieur le Directeur général,

Exemples 2

Je vous prie d'agréer, Monsieur le Ministre, l'assurance de ma haute considération.

Je vous prie d'agréer, Monsieur le Directeur général, l'assurance de ma considération distinguée.

La majuscule est également indiquée au début d'une lettre, après la formule d'appel.

Exemples 3

Monsieur le Ministre,

Je voudrais vous remercier de l'audience que vous m'avez accordée...

Monsieur le Directeur général,

J'accuse réception de votre lettre...

Aussi en est-il après les points d'interrogation, d'exclamation et de suspension, lorsqu'ils marquent la fin d'une phrase.

Exemple 4

L'apparition de l'écriture marque ainsi le passage de la préhistoire à l'histoire, enseigne-t-on ! En effet, le moyen d'expression de l'homme primitif...

Dans ce sillage, il est d'ordinaire d'employer :

- une majuscule au nom portant sur le domaine confié à une personnalité ;
- une minuscule au titre occupé.

Exemples 5

Le président de la République

Le ministre des Transports maritimes

Le directeur général du Conseil sénégalais des chargeurs

Dans l'usage africain, le titre occupé prend généralement une majuscule, au moins pour le premier mot. Cette question sensible a été prise en compte dans les modèles de lettres proposés.

Exemples 6

Le Ministre des Transports aériens

Le Directeur général du Conseil sénégalais des chargeurs

Aussi, en signe de considération pour la très haute personnalité qui incarne l'institution ou qui l'est, il est plus judicieux de mettre une majuscule à son titre.

Exemples 7

Le Président de la République

Le Président de la Cour suprême

Le Président de la Cour de cassation

Au demeurant, les dénominations officielles des organismes prennent une majuscule au premier mot.

Exemples 8

Organisation pour l'harmonisation du droit des affaires en Afrique

Zone de libre-échange continentale africaine

En outre, les sigles et acronymes s'écrivent en majuscules, tout au moins pour la lettre initiale.

Exemple 9

Union africaine, « UA » ou « Ua »

Zone de libre-échange continentale africaine, « ZLECAF » ou « Zlecaf »

Les noms des fêtes portent également la majuscule.

Exemple 10

Noël, Pâques, Aïd el-Kebir, Aïd el-Fitr

En revanche, les jours et les mois portent une minuscule.

Exemple 11

mardi 19 avril 2022

Section 3

Des formulations de prudence

La prudence est de mise en expression écrite, afin de choisir le mot juste, d'éviter les redondances et les erreurs provenant du langage parlé.

I. Utilisation judicieuse des paronymes

Les paronymes sont « des mots proches phonétiquement, sans être des homonymes, et ils ont des sens différents ». Il appartient au rédacteur de faire un choix judicieux entre ces mots.

Exemples

Acceptation Le fait de consentir à : « Acceptation d'un don »	**Acception** Sens particulier dans lequel un mot est employé
À l'attention Formule par laquelle on désigne le destinataire d'une lettre « À l'attention de Monsieur… »	**À l'intention** Spécialement pour quelqu'un : « Un séminaire à l'intention des cadres… »
Adhérence État d'une chose qui est collée à une autre	**Adhésion** Action de souscrire à une idée : « Adhésion à une association » ; « Adhésion à une idée »
Affirmer Assurer qu'une chose est vraie ; affirmer sa personnalité	**Infirmer** Le fait d'annuler, de rejeter : « La Cour d'appel infirme le jugement rendu par le Tribunal »
Censé Considéré comme devant faire quelque chose ; supposé	**Sensé** Qui a du bon sens « Personne sensée… »
Cession Transmission à un autre de la chose ou du droit dont on est propriétaire ou titulaire : « Cession d'un véhicule »	**Session** Période de l'année au cours de laquelle se tiennent les réunions de l'Assemblée générale ou du Conseil d'administration d'une entreprise
Collision Choc de deux corps en mouvement : « Collision entre deux navires »	**Collusion** Entente secrète entre des personnes dans le but de nuire : « Collusion entre commerçants pour augmenter les prix »
Conjoncture Situation qui résulte d'un concours de circonstances : « Dans la conjoncture actuelle »	**Conjecture** Simple supposition, simple hypothèse
Différent Distinct, autre	**Différend** Litige, dispute : « En cas de différend, la partie la plus diligente saisira la juridiction compétente »

Effraction Violation d'une règle de droit qualifiable de délit ou de crime en s'introduisant par la force dans un lieu	**Infraction** Violation d'une règle de droit qualifiable de délit, de crime
Invoquer Avoir recours à, faire appel : « Il invoque les dispositions de l'article… pour rejeter les prétentions du demandeur »	**Évoquer** Faire penser à, rappeler à la mémoire : « L'affaire a été évoquée à l'audience du… »
Explicite Ce qui est formulé de manière claire : « Réponse explicite »	**Implicite** Qui est sous-entendu : « Une proposition implicite »
Opportun Qui convient aux circonstances : « Une décision opportune relative à une augmentation des salaires »	**Importun** Qui dérange, qui ennuie : « Un visiteur importun »
Recouvrir Correspondre : « Son étude recouvre la période coloniale » ; protéger, mettre à l'abri	**Recouvrer** Rentrer en possession de ce que l'on avait perdu : « Recouvrer sa santé » ; recevoir le paiement d'une créance : « Recouvrer sa créance »
Suggestion Action de proposer, de recommander	**Sujétion** Le fait d'être sous la domination ; contrainte, dépendance
Suscription Adresse d'une lettre	**Souscription** Engagement pris par une personne (souscripteur) de verser une somme à une date convenue

II. Suppression des pléonasmes

Le pléonasme ou tautologie est « le fait d'associer des termes qui ont la même signification ». L'un des termes est superflu et nécessite une suppression.

Exemples

Expressions incorrectes	**Expressions correctes**
À deux reprises différentes	À deux reprises
Actuellement en cours	En cours
Assez satisfaisant	Satisfaisant
Au grand maximum	Au maximum
Au jour d'aujourd'hui	Aujourd'hui
Commencer d'abord	Commencer
Des perspectives d'avenir	Des perspectives
Donc, par conséquent	Choisir entre *« donc »* et *« par conséquent »*
Doit obligatoirement/impérativement	Doit
Enfin, pour conclure	Pour conclure
Exclusivement réservé	Réservé
Il descend en bas	Il descend
Il monte en haut	Il monte
Il suffit simplement	Il suffit
Documents ci-joints en annexes	Choisir *entre « documents ci-joints » et « documents en annexes »*
La somme d'un montant de…	La somme de… La facture d'un montant de…
Puis ensuite	Choisir entre « *puis* » et « *ensuite* »
Prévoir à l'avance	Prévoir
Rédiger par écrit	Rédiger
Répéter à nouveau	Répéter
Revenir à nouveau	Revenir
Un délai d'une durée	Un délai de…

Expressions incorrectes	Expressions correctes
Un faux prétexte	Un prétexte
Un forum de discussion	Un forum
Un monopole exclusif	Un monopole
Voire même	Choisir entre « *voire* » et « *même* »

III. Repérage des erreurs de langage

Plusieurs expressions découlent du langage parlé. Elles sont incorrectes en rédaction professionnelle et méritent d'être repérées.

Exemples

Expressions incorrectes	Expressions correctes
à priori	a priori
à fortiori	a fortiori
à postériori	a posteriori
C'est eux	Ce sont eux
Contacter quelqu'un	Prendre contact avec quelqu'un
Comme suite, en réponse à votre lettre…	En réponse à votre lettre… Faisant suite à votre lettre…
Demander à ce que	Demander que
De par	Par
Des soucis pécuniers	Des soucis pécuniaires
Il a demandé après vous	Il vous a demandé
Il a des chances de perdre	Il court le risque de perdre
Informer de ce que	Informer que
Je vous serais gré	Je vous saurais gré
La personne que je vous ai parlé	La personne dont je vous ai parlé
Le différent qui les oppose	Le différend
Les ayant droits	Les ayants droit
Nous avons convenu de nous rencontrer	Nous sommes convenus de nous rencontrer
Pallier à une difficulté Prendre pour acquis	Pallier une difficulté Tenir pour acquis
Rapport à…	À propos de ; concernant ; relativement à…

Expressions incorrectes	**Expressions correctes**
Solutionner un problème	Résoudre un problème ; trouver une solution à un problème
Vous n'êtes pas sans ignorer	Vous n'êtes pas sans savoir

COSEC
Au service des chargeurs
COSEC
- 338490707
- cosec@cosec.sn
- 6, avenue malick sy x autoroute Dakar

Modèles de lettres

Modèles de lettres du particulier/travailleur

Le modèle ci-après peut servir de trame au particulier en général, et spécifiquement au travailleur, dans sa communication écrite avec le président de la République, le ministre, le chef d'entreprise, l'avocat, le président du Tribunal, le procureur de la République, le commissaire de police, le chef de brigade de gendarmerie, etc.

Il reste entendu que les prénom et nom des personnalités sont facultatifs en tant que destinataires.

Dans les exemples de lettres, le particulier/travailleur s'adresse au président de la République pour une demande d'audience, une dédicace d'un exemplaire de son ouvrage, une admission dans une délégation présidentielle à l'occasion d'une visite officielle, une aide…

Concernant le ministre, le particulier travailleur/particulier envoie des correspondances relatives à une demande d'audience pour l'organisation d'une cérémonie de dédicace de son livre. Ces lettres ont trait également à des remerciements pour une audience accordée, le patronage d'une cérémonie de présentation de son ouvrage et le soutien de l'État dans une élection à un poste.

Relativement au chef d'entreprise, le particulier/travailleur envoie une lettre de motivation, une demande de stage, de congé, de permission, de départ volontaire, de disponibilité, etc.[24] En outre, il initie des courriers en vue de solliciter un prêt auprès d'une banque et consentir les garanties idoines. L'acceptation du prêt est souvent subordonnée à la production d'une attestation de travail, qui justifie la qualité de salarié.

Dans plusieurs pays, le particulier/travailleur est assujetti à une déclaration de patrimoine, lorsqu'il a la qualité d'administrateur de crédits dans une entreprise publique ou parapublique.[25]

À cet égard, il prépare une lettre de transmission à la structure concernée et dépose un formulaire de déclaration dûment rempli et signé ainsi que les pièces justificatives.

Des contentieux peuvent survenir avec le chef d'entreprise le conduisant à constituer un avocat pour assurer sa défense. Cette constitution lui permet d'être assisté devant l'Inspection du travail dans le cadre d'une tentative de conciliation et de se faire représenter devant les juridictions compétentes en la matière. En cas de rupture du contrat de travail, l'employeur est tenu de lui délivrer un certificat de travail.[26]

Par ailleurs, la vie privée du particulier/travailleur est jalonnée d'actions qui nécessitent le recours aux autorités judiciaires. Il s'agit, notamment, de requêtes introduites auprès des juridictions suivantes :

- Tribunal d'instance, aux fins d'obtenir un jugement d'hérédité et la grosse dans une succession ;

---

[24] Loi n° 97-17 du 1er décembre 1997 portant Code du travail du Sénégal. http://www.ilo.org ou http://www.Droit-Afrique.com.

[25] La déclaration de patrimoine est un inventaire de l'actif et du passif que l'assujetti tient à la disposition de l'institution habilitée à cet effet. Les assujettis sont, en général, l'ordonnateur (Directeur général) de recettes et de dépenses « au nom de l'État et des autres organismes publics », l'administrateur de crédits (Directeur) et le comptable public. Au Sénégal, le cadre juridique est consacré par deux textes, à savoir : loi n° 2012-30 du 28 décembre 2012 portant création de l'Office national de lutte contre la fraude et la corruption (OFNAC) ; loi n° 2014-17 du 2 avril 2014 relative à la déclaration de patrimoine. L'administrateur de crédit est défini comme « *toute personne chargée de constater et de liquider des recettes, de proposer des engagements de dépenses et d'en préparer la liquidation. Les personnes ayant de leur organisme l'initiative des dépenses à titre principal ou délégué, quels que soient l'appellation ou le titre... sont soumises à l'obligation de déclaration, si le montant des opérations annuelles qu'elles effectuent atteint un milliard de francs CFA* ».

[26] Voir note 12 infra.

- Tribunal de Commerce dans l'adjudication d'un immeuble pour lequel il est soumissionnaire.[27]

Face à certaines situations, il peut déposer une plainte, entre autres, auprès du procureur de la République, du chef de brigade d'une gendarmerie ou d'un commissaire de police.

Modèle de lettre standard

(Prénom et nom)
(Fonction)
(Adresse)
(Téléphone)
(E-mail)

(Ville), le (Jour, mois et année)

À Monsieur/Madame (Prénom et nom)
(Fonction)
(Adresse)
(Ville)

Objet : (Mentionner de manière succincte la question traitée)

Monsieur/Madame le/la (Fonction),

Corps de la lettre - Corps de la lettre - Corps de la lettre - Corps de la lettre - Corps de la lettre Corps de la lettre - Corps de la lettre - Corps de la lettre - Corps de la lettre - Corps de la lettre

Corps de la lettre - Corps de la lettre - Corps de la lettre - Corps de la lettre - Corps de la lettre

Corps de la lettre - Corps de la lettre - Corps de la lettre - Corps de la lettre - Corps de la lettre

Corps de la lettre - Corps de la lettre - Corps de la lettre - Corps de la lettre - Corps de la lettre

[27] Cf. l'Acte uniforme de l'OHADA du 10 avril 1998 portant organisation des procédures simplifiées de recouvrement et des voies d'exécution.

Corps de la lettre - Corps de la lettre - Corps de la lettre - Corps de la lettre - Corps de la lettre Corps de la lettre - Corps de la lettre - Corps de la lettre - Corps de la lettre - Corps de la lettre

Formule de politesse (Y intégrer in extenso la formule d'appel qui vient après l'objet de la lettre)

(Signature)

P.J.

Au Président de la République

Demande d'audience d'un compatriote de la Diaspora

Prénom et nom)
(Fonction)
(Adresse)
(Téléphone)
(E-mail)

(Ville), le (Jour, mois et année)

À Son Excellence
Monsieur (Prénom et nom)
Président de la République
du (Pays)
(Ville)

Objet : Félicitations/Demande d'audience

Excellence Monsieur le Président de la République,

Votre brillante réélection, dès le premier tour, à la présidence de la République, à l'issue du scrutin du (Jour, mois et année), m'offre l'agréable opportunité de vous adresser mes plus chaleureuses félicitations et de formuler à votre égard des souhaits sincères de bonne santé, de bonheur, de longévité et plein succès dans vos très hautes charges.

En effet, le Peuple (Pays) a exprimé par le vote son adhésion à votre grande vision, son appréciation des grandes réalisations concourant à l'émergence, son respect de votre sagesse et de votre notoriété sur le plan international.

D'ailleurs, les observateurs internationaux n'ont pas manqué de souligner avec force que le processus électoral et le scrutin se sont déroulés de manière transparente, libre et démocratique.

Cette date indélébile est une reconnaissance par vos pairs, voire la communauté internationale, de votre leadership qui vous place, inéluctablement, au Panthéon des grands hommes immortels qui ont marqué le monde.

C'est dans ce contexte que je voudrais vous exprimer solennellement ma totale et entière disponibilité à mettre mon expertise au service de l'État en réponse au vibrant appel que vous avez bien voulu lancer à la Diaspora.

(Métier) de formation, je capitalise une expérience de (Nombre) ans dans le secteur (Privé, public ou parapublic), en tant que (Fonction).

Je sollicite auprès de votre très haute bienveillance une audience, afin de pouvoir vous faire part de ma modeste contribution à la finalisation de vos grands travaux et projets pour le (Pays), qui sont le fruit de vos idées généreuses pour le Peuple (Pays) en général et la jeunesse en particulier.

Je vous prie d'agréer, **Excellence Monsieur le Président de la République,** les assurances de ma très haute considération.

(Signature)

Dédicace d'un exemplaire d'ouvrage

(Prénom et nom)
(Fonction)
(Adresse)
(Téléphone)
(E-mail)

(Ville), le (Jour, mois et année)

À Son Excellence
Monsieur (Prénom et nom)
Président de la République
du (Pays)
(Ville)

Objet : Dédicace d'un exemplaire de mon livre intitulé
(Titre du livre, année de parution et éditeur)

Monsieur le Président de la République,

J'ai l'immense honneur de vous dédicacer un exemplaire de mon livre intitulé (Titre du livre), paru en (Mois et année) à (Nom de l'éditeur). Cet exemplaire est accompagné d'un résumé sur deux pages.

En effet, j'ai organisé le (Jour, mois et année) à (Lieu) une cérémonie de présentation et de dédicace, sous l'égide de (Structure) et en présence de nombreuses personnalités.

Ancien (Fonction en lien avec l'ouvrage), je capitalise une expérience professionnelle de (Nombre) ans dans le secteur (Privé, public ou parapublic), notamment à (Raison sociale en entier et en abrégé).

En tant que patriote, je voudrais vous assurer de ma disponibilité constante à accompagner l'État dans toute mission en adéquation à votre grande vision, en vue de l'émergence de notre pays.

Je vous prie d'agréer, **Monsieur le Président de la République**, l'expression de ma très haute et respectueuse considération.

(Signature)

Demande d'admission dans une délégation présidentielle

(Prénom et nom)
(Fonction)
(Adresse)
(Téléphone)
(E-mail)

(Ville), le (Jour, mois et année)

À Son Excellence
Monsieur (Prénom et nom)
Président de la République
du (Pays)
(Ville)

Objet : Demande d'admission dans la délégation (État)
visite officielle à (État), du (Jour) au (Jour, mois et année)

Monsieur le Président de la République,

L'entame de l'année (Chiffre) m'offre l'agréable opportunité d'implorer Dieu, le Tout Puissant, le Tout Miséricordieux, afin qu'il guide votre grande vision pour une Afrique émergente.

À cet égard, votre élection imminente à la tête de (Poste) estampillera une date indélébile, à travers une réaffirmation de la reconnaissance de votre leadership par vos pairs.

C'est dans cette dynamique que je sollicite, solennellement, auprès de votre très haute bienveillance, mon admission au sein de votre délégation dans le cadre de votre visite officielle à (Pays), en tant que binational.

En outre, je suis (Métier) de formation et capitalise une longue expérience dans le secteur (Privé, public ou parapublic), notamment à (Structure en entier et en abrégé) où j'ai servi en qualité de (Fonction occupée).

Appréciant votre grande vision panafricaniste, je vous prie d'agréer, **Monsieur le Président de la République**, l'expression de ma très haute et respectueuse considération.

(Signature)

Demande d'aide

(Prénom et nom)
(Fonction)
(Adresse)
(Téléphone)
(E-mail)

(Ville), le (Jour, mois et année)

À Son Excellence
Monsieur (Prénom et nom)
Président de la République
du (Pays)
(Ville)

Objet : Demande de soutien financier pour des raisons de santé

Monsieur le Président de la République,

J'ai l'honneur de solliciter auprès de votre très haute bienveillance une assistance financière, afin de pouvoir faire face à des frais hospitaliers et médicaux.

En effet, je dois subir une opération chirurgicale pour une (Indiquer la maladie) et souffre de (À préciser).

L'hôpital (Raison sociale) m'a adressé un devis, d'un montant de (En lettres puis en chiffres) dont une copie est jointe au présent courrier.

Vous souhaitant plein succès dans la réalisation des projets ambitieux que vous avez pour le (Pays), je vous prie d'agréer, **Monsieur le Président de la République**, l'expression de ma très haute considération.

(Signature)

P.J. 1

Au ministre

Demande d'audience pour l'organisation d'une cérémonie de présentation d'un ouvrage

(Prénom et nom)
(Fonction)
(Adresse)
(Téléphone)
(E-mail)

(Ville), le (Jour, mois et année)

À Monsieur (Prénom et nom)
Ministre de (Titre)
(Ville)

Objet : Demande d'audience organisation
d'une cérémonie officielle de présentation de mon ouvrage
(Titre)

Monsieur le Ministre,

C'est assurément avec un réel plaisir que je voudrais vous informer de la parution en (Mois et année), aux éditions (Éditeur), de mon ouvrage visé en objet.

Première et seule référence actuelle dans le domaine (À préciser), cet ouvrage met en exergue (Résumé sur deux lignes).

J'ai voulu réserver la primeur de cette importante cérémonie à (Ville). À cet effet, je vous remercie de bien vouloir m'accorder une audience, au jour de votre convenance, afin d'échanger sur la question et vous dédicacer un exemplaire dont je suis porteur.

(Métier) de formation, je capitalise une longue expérience (Résumé sur deux lignes).

Je vous prie d'agréer, **Monsieur le Ministre**, l'assurance de ma haute considération.

(Signature)

Remerciements après une audience

(Prénom et nom)
(Fonction)
(Adresse)
(Téléphone)
(E-mail)

(Ville), le (Jour, mois et année)

À Monsieur (Prénom et nom)
Ministre de (Titre)
(Ville)

Objet : Remerciements audience du (Jour, mois et année) cérémonie officielle de présentation de mon ouvrage (Titre)

Monsieur le Ministre,

Je voudrais vous remercier très sincèrement de la cordiale audience que vous m'avez accordée le (Jour, mois et année), à vos bureaux, en dépit de votre calendrier particulièrement chargé.

Cette audience traduit, à suffisance, l'intérêt que vous portez au secteur (À préciser), qui constitue un levier indispensable dans le cadre de l'émergence de (Pays), à l'horizon (Année).

Elle est en adéquation avec mon ouvrage visé en objet, dont la première cérémonie officielle de présentation s'est déroulée le (Jour, mois et année) à (Ville).

En outre, l'ouvrage précité pourrait servir de gouvernail dans la mise en place d'un (Structure à préciser) au (Pays), en vertu d'un Partenariat public-privé (PPP) fortement recommandé par les institutions internationales et les organisations d'intégration régionales.

Dans cette perspective, je vous assure de ma disponibilité constante à apporter mon expertise, en tout lieu.

En vous réitérant mes remerciements, je vous prie d'agréer, **Monsieur le Ministre**, l'assurance de ma haute considération.

(Signature)

Remerciements pour le patronage et la présidence d'une cérémonie de présentation d'un ouvrage

(Prénom et nom)
(Fonction)
(Adresse)
(Téléphone)
(E-mail)

(Ville), le (Jour, mois et année)

À Monsieur (Prénom et nom)
Ministre de (Titre)
(Ville)

Objet : Remerciements patronage et présidence
première cérémonie officielle de présentation de mon ouvrage
(Titre)

Monsieur le Ministre,

La première cérémonie officielle de présentation de mon livre visé en objet s'est déroulée le (Jour, mois et année) à (Ville), sous votre haut patronage.

En dépit de votre calendrier particulièrement chargé, vous avez bien voulu accepter de présider cette cérémonie.

Doublement honoré, je voudrais vous exprimer ma profonde gratitude et mes sincères remerciements.

En outre, je puis vous assurer de ma totale disponibilité à apporter mon expertise, à toute œuvre concourant à l'émergence du pays.

En vous réitérant mes remerciements, je vous prie d'agréer, **Monsieur le Ministre**, l'assurance de ma haute considération.

(Signature)

Remerciements pour un soutien dans une élection à un poste

(Prénom et nom)
(Fonction)
(Adresse)
(Téléphone)
(E-mail)

(Ville), le (Jour, mois et année)

À Monsieur le Ministre
de (Titre)
(Ville)

Objet : Remerciements

Monsieur le Ministre,

Je voudrais vous adresser mes plus vifs remerciements pour avoir soutenu ma candidature au poste de (Intitulé du poste et structure).

En outre, je vous prie de bien vouloir transmettre mes sincères remerciements et ma profonde gratitude à Son Excellence Monsieur (Prénom et nom), Président de la République.

Après mon élection à l'Assemblée générale tenue à (Ville), le (Jour, mois et année), j'ai été installé dans mes fonctions de (Intitulé), au siège à (Ville), le (Jour, mois et année), au cours d'une cérémonie présidée par le Ministre (Titre) du (Pays), en présence de l'Ambassadeur du (Pays d'origine) au (Pays d'accréditation) et de plusieurs autres personnalités.

Afin d'honorer mon pays, je ne ménagerai aucun effort dans l'accomplissement des missions qui me sont confiées durant mon mandat.

Je vous prie d'agréer, **Monsieur le Ministre,** l'assurance de ma haute considération.

(Signature)

CENTRE TRAINMAR DE DAKAR
Centre Trainmar de Dakar

Au chef d'entreprise

Lettres de motivation

(Prénom et nom)
(Fonction)
(Adresse)
(Téléphone)
(E-mail)

(Ville), le (Jour, mois et année)

À Monsieur le Directeur général
de (Raison sociale)
(Ville)

Objet : Lettre de motivation
annonce Journal du (Jour, mois et année)

Monsieur le Directeur général,

J'ai l'avantage de faire acte de candidature au poste de (Intitulé du poste), suite à l'annonce parue le (Jour, mois et année), dans le Journal (Raison sociale).

Titulaire du diplôme de (Titre) en (Année) avec la Mention (À préciser), je capitalise une expérience professionnelle de (Nombre en lettres puis en chiffres) ans dans le domaine (À préciser).

À cet égard, j'ai d'abord participé activement au démarrage de (Raison sociale), en qualité de (Fonction), de (Année) à (Année).

Ensuite, j'ai dirigé pendant (Nombre en lettres puis en chiffres) années le (Intitulé du Service ou de la Direction).

Dans ce cadre, j'ai une bonne maîtrise des logiciels (Noms des outils). Aussi ai-je développé une solidarité dans le travail dans le respect des procédures et de la hiérarchie, qui ont eu un impact positif sur la production de la société.

Doté de ces atouts techniques et managériaux, mon ambition est de mettre mon expérience au service de (Raison sociale), afin de contribuer grandement au renforcement de sa performance.

Vous trouverez, ci-joint, mon curriculum vitae et la copie légalisée de mon diplôme.

Restant à votre entière disposition pour toute information complémentaire, je vous prie d'agréer, **Monsieur le Directeur général**, l'assurance de ma considération distinguée.

(Signature)

P.J. 2

(Prénom et nom)
(Fonction)
(Adresse)
(Téléphone)
(E-mail)

(Ville), le (Jour, mois et année)

À Monsieur le Directeur général
de (Raison sociale)
(Ville)

Objet : Lettre de motivation
annonce Journal du (Jour, mois et année)

Monsieur le Directeur général,

L'annonce que vous avez bien voulu faire paraître le (Jour, mois et année) dans le Journal (Raison sociale) a particulièrement retenu mon attention.

(Juriste/Économiste/Financier/Comptable/Commercial/Ingénieur) de formation, je totalise une expérience professionnelle de (Nombre en lettres puis en chiffres) ans dans le secteur (À préciser), notamment au sein de la société (Raison sociale) en qualité de (Fonction).

Durant cette période, j'ai élaboré et mis en place des outils de management et développé une solidarité dans le travail ayant contribué à l'instauration d'une véritable culture d'entreprise.

Libre de tout engagement actuel, je me tiens à votre entière disposition pour un entretien ou la production de toute information complémentaire.

Ainsi qu'il ressort de l'annonce précitée, je vous adresse, ci-joint, mon curriculum vitae, les copies légalisées de mon diplôme et de mon certificat de travail.

Je vous prie d'agréer, **Monsieur le Directeur général**, l'assurance de ma considération distinguée.

(Signature)

P.J. 3

(Prénom et nom)
(Fonction)
(Adresse)
(Téléphone)
(E-mail)

(Ville), le (Jour, mois et année)

À Monsieur le Directeur général
de (Raison sociale)
(Ville)

Objet : Lettre de motivation
poste de (Intitulé)

Monsieur le Directeur général,

La renommée de votre société m'a déterminé à solliciter auprès de votre haute bienveillance un poste de (Intitulé).

En effet, je suis titulaire du diplôme de (Titre) en (Année), option (À préciser) avec la mention (À Préciser).

En outre, le stage d'une durée de (Nombre) mois que j'ai effectué dans une grande entreprise de la place qui intervient dans le secteur (À préciser) m'a permis de :

- développer des compétences en matière de (Gestion du capital humain/Gestion financière, etc.) ;
- cultiver l'esprit d'équipe ;
- m'imprégner d'une véritable culture d'entreprise.

C'est dans cet esprit que je souhaiterais faire carrière dans votre prestigieuse société, en mettant en exergue mes compétences et atouts, contribuant ainsi à son expansion au niveau sous-régional, voire régional.

J'ai le plaisir de vous adresser, ci-joint, mon curriculum vitae ainsi que les copies légalisées de mes diplômes et attestation de stage.

En vous remerciant de l'attention particulière que vous voudrez bien porter à mon dossier, je vous prie d'agréer, **Monsieur le Directeur général**, l'expression de ma parfaite considération.

(Signature)

P.J. 3

Demandes de stage

(Prénom et nom)
(Fonction)
(Adresse)
(Téléphone)
(E-mail)

(Ville), le (Jour, mois et année)

À Monsieur le Directeur général
de (Raison sociale)
(Ville)

Objet : Demande de stage

Monsieur le Directeur général,

Je sollicite auprès de votre haute bienveillance l'obtention d'un stage au sein de votre prestigieuse société.

Titulaire du diplôme de (Titre) en (Année), option (À préciser), avec la mention (À préciser), mon ambition est de mettre en pratique les connaissances théoriques que j'ai acquises au cours de ma formation dans le domaine du (À préciser).

Doté d'un sens relationnel reconnu, l'obtention de ce stage me permettrait, en particulier, de :

- développer des compétences en matière de (Gestion du capital humain/Gestion financière, etc.) ;
- cultiver l'esprit d'équipe dans le milieu professionnel ;
- m'imprégner d'une véritable culture d'entreprise.

À cet effet, j'ai le plaisir de vous adresser, ci-joint, mon curriculum vitae et la copie légalisée de mon diplôme.

En vous remerciant de l'attention particulière que vous voudrez bien porter à mon dossier, je vous prie d'agréer, **Monsieur le Directeur général**, l'expression de ma parfaite considération.

(Signature)

P.J. 2

(Prénom et nom)
(Fonction)
(Adresse)
(Téléphone)
(E-mail)

(Ville), le (Jour, mois et année)

À Monsieur le Directeur général
de (Raison sociale)
(Ville)

Objet : Demande de stage de fin de formation

Monsieur le Directeur général,

Étudiant en Master (Numéro) dans la spécialité (À préciser) à l'Université (Raison sociale) de (Ville), l'obtention de mon diplôme est conditionnée par le dépôt d'un mémoire, précédé d'un stage en entreprise.

Des conseils qui m'ont été prodigués par des professionnels associés à mes recherches, il ressort que votre société est non seulement leader dans le secteur de (À préciser), mais également une référence en matière de bonne gouvernance.

C'est la raison pour laquelle je voudrais saisir l'opportunité d'effectuer un premier stage constructif, afin de pouvoir mettre en pratique les connaissances théoriques que j'ai acquises au cours de ma formation dans le domaine du (À préciser) ainsi que mon sens relationnel fortement apprécié par mes professeurs.

À cet effet, j'ai l'avantage de vous adresser, ci-joint, le projet de convention élaboré par l'Université, pour un séjour en entreprise d'une durée de (Nombre) mois, à compter du (Jour, mois et année).

Dans l'attente de cette opportunité, je vous prie d'agréer, **Monsieur le Directeur général**, l'assurance de ma considération distinguée.

(Signature)

P.J. 1

Déclaration de patrimoine

(Prénom et nom)
(Fonction)
(Adresse)
(Téléphone)
(E-mail)

(Ville), le (Jour, mois et année)

À Monsieur/Madame (Prénom et nom)
(Fonction)
(Adresse)
(Ville)

Objet : Déclaration de patrimoine

Monsieur/Madame le/la (Fonction),

J'ai l'honneur de faire une déclaration de patrimoine en ma qualité d'administrateur de crédits liée à mes fonctions de (Intitulé du poste) de (Raison sociale en entier et en abrégé).

À cet effet, je vous adresse ci-joint :

- le formulaire de déclaration de patrimoine dûment paraphé et signé ;
- la photocopie légalisée de ma Carte nationale d'identité du (Jour, mois et année) ;
- la photocopie légalisée de la Carte nationale d'identité de mon épouse du (Jour, mois et année) ;
- les extraits de naissance des enfants ;
- l'original du certificat de mariage du (Jour, mois et année) ;

- la copie légalisée de la police d'assurance vie n°... du (Jour, mois et année) ;
- la copie légalisée de la carte grise du véhicule du (Jour, mois et année) ;
- la copie légalisée du titre foncier n°... de la maison ;
- le rapport d'évaluation de la maison du (Jour, mois et année) ;
- la note explicative du (Jour, mois et année) ;
- la copie légalisée de la note de service n°... du (Jour, mois et année) relative à ma nomination ;
- le relevé d'identité bancaire et l'original du relevé des opérations sur la dernière année ;
- les originaux des bulletins de salaire sur les trois derniers mois ;
- l'attestation de revenus du (Jour, mois et année) ;
- la copie légalisée du contrat de prêt du (Jour, mois et année) et le tableau d'amortissement.

Dans l'attente d'un accusé de réception, je vous prie d'agréer, **Monsieur/Madame le/la** (Fonction), l'assurance de ma haute considération.

(Signature)

P.J. 15

(Prénom et nom)
(Fonction)
(Adresse)
(Téléphone)
(E-mail)

(Ville), le (Jour, mois et année)

À Monsieur/Madame (Prénom et nom)
(Fonction)
(Adresse)
(Ville)

Objet : Cessation des attributions d'administrateur de crédits
n° de dossier… du (Jour, mois et année)

Monsieur/Madame le/la (Fonction)**,**

Le (Jour, mois et année), j'ai procédé à une déclaration de patrimoine en ma qualité d'administrateur de crédits liée à mes fonctions de (Intitulé du poste) de (Raison sociale en entier et en abrégé).

Depuis cette déclaration, mon patrimoine n'a pas connu de variation.

J'ai l'avantage de vous informer de la cessation de mes attributions précitées. En effet, par note de service n°… du (Jour, mois et année), j'ai été nommé (Intitulé du poste), ce qui ne m'assujettit plus à cette déclaration.

Vous trouverez ci-joint les notes de service relatives à ma nomination et à mon remplacement.

Je vous prie d'agréer, **Monsieur/Madame le/la** (Fonction), l'assurance de ma haute considération.

(Signature)

P.J. 2

(Prénom et nom)
(Fonction)
(Adresse)
(Téléphone)
(E-mail)

(Ville), le (Jour, mois et année)

À Monsieur/Madame (Prénom et nom)
(Fonction)
(Adresse)
(Ville)

Objet : Cessation des attributions d'administrateur de crédits
n° de dossier… du (Jour, mois et année)
Déclaration complémentaire de patrimoine

Monsieur/Madame le/la (Fonction),

Le (Jour, mois et année), j'ai procédé à une déclaration de patrimoine en ma qualité d'administrateur de crédits liée à mes fonctions de (Intitulé du poste) de (Raison sociale en entier et en abrégé).

À ce jour, mon patrimoine a connu une évolution, à travers l'acquisition des biens suivants :

- … ;
- … ;
- …

En outre, j'ai l'avantage de vous informer de la cessation de mes attributions précitées. En effet, par note de service n°… du (Jour, mois et année), j'ai été nommé (Intitulé du poste), ce qui me m'assujettit plus à cette déclaration.

Vous trouverez ci-joint les notes de service relatives à ma nomination et à mon remplacement ainsi que les justificatifs de mes biens additionnels.

Je vous prie d'agréer, **Monsieur/Madame le/la** (Fonction), l'assurance de ma haute considération.

(Signature)

P.J. 5

Prêt et garantie bancaires

(Prénom et nom)
(Fonction)
(Adresse)
(Téléphone)
(E-mail)

(Ville), le (Jour, mois et année)

À Monsieur le Directeur général
de (Raison sociale)
(Ville)

Objet : Demande de prêt immobilier

Monsieur le Directeur général,

J'ai l'avantage de solliciter auprès de votre haute bienveillance l'obtention d'un prêt d'un montant de (En lettres puis en chiffres) FCFA, remboursable sur (Nombre) ans, en vue d'acquérir une villa à la Cité (Nom).

Ce montant vient après déduction de mon apport personnel de (En lettres puis en chiffres) FCFA.

En garantie du prêt précité, je m'engage à consentir une hypothèque de premier rang sur mon titre foncier.

En outre, j'ai donné mandat à mon employeur de procéder au virement irrévocable de mon salaire dans mon compte bancaire domicilié auprès de votre prestigieuse banque.

Dans cette attente, je vous prie d'agréer, **Monsieur le Directeur général**, l'assurance de ma considération distinguée.

(Signature)

P.J.
- 1 attestation de travail ;
- 3 derniers bulletins de salaire ;
- lettre de virement irrévocable de l'employeur ;
- 1 police d'assurance décès.

(Prénom et nom)
(Fonction)
(Adresse)
(Téléphone)
(E-mail)

(Ville), le (Jour, mois et année)

À Monsieur le Directeur général
de (Raison sociale)
(Ville)

Objet : Demande de délivrance d'une mainlevée hypothèque conventionnelle

Monsieur le Directeur général,

Par convention en date du (Jour, mois et année), vous avez bien voulu m'octroyer un prêt d'un montant de (En lettres puis en chiffres) FCFA, en vue d'acquérir une villa, sise à (Adresse).

En garantie du prêt précité, j'ai consenti une hypothèque de premier rang sur mon titre foncier.

Ainsi qu'il ressort de vos livres, ce montant a été intégralement remboursé.

Je vous remercie, en conséquence, de bien vouloir me délivrer une mainlevée, à l'effet d'effectuer les formalités légales et administratives.

Dans cette attente, je vous prie d'agréer, **Monsieur le Directeur général**, l'assurance de ma considération distinguée.

(Signature)

P.J.
- 1 attestation de travail ;
- 3 derniers bulletins de salaire ;
- lettre de virement irrévocable de l'employeur

(Prénom et nom)
(Fonction)
(Adresse)
(Téléphone)
(E-mail)

(Ville), le (Jour, mois et année)

À Monsieur le Directeur général
de (Raison sociale)
(Ville)

Objet : Demande de crédit équipement

Monsieur le Directeur général,

J'ai l'avantage de solliciter auprès de votre haute bienveillance l'obtention d'un crédit d'un montant de (En lettres puis en chiffres) FCFA, remboursable sur (Nombre) ans, en vue d'équiper ma maison, sise à (Adresse précise).

Ce montant vient après déduction de mon apport personnel de (En lettres puis en chiffres) FCFA.

En garantie du crédit précité, je m'engage à consentir un gage sur le matériel ou à souscrire une assurance auprès d'une Compagnie d'assurance de la place.

En outre, j'ai donné mandat à mon employeur de procéder au virement irrévocable de mon salaire dans mon compte bancaire domicilié auprès de votre prestigieuse banque.

Dans cette attente, je vous prie d'agréer, **Monsieur le Directeur général**, l'assurance de ma considération distinguée.

(Signature)

P.J.
- 1 attestation de travail ;
- 3 derniers bulletins de salaire ;
- lettre de virement irrévocable de l'employeur.

Emploi du pronom « Nous »

(Entête de l'entreprise)
(Direction ou Service)

(Ville), le (Jour, mois et année)

Le (Fonction occupée)

À Monsieur le Directeur général
de (Raison sociale)
(Ville)

Réf…

Objet : Dossiers en instances

Monsieur le Directeur général,

Nous voudrions vous féliciter de votre nomination au poste de Directeur général du… par Monsieur le Président de la République et vous souhaiter la bienvenue.

Puisse Dieu, le Tout Puissant, dans sa miséricorde infinie, vous couvrir de sa grâce et guider vos actions, dans l'intérêt…

Conformément aux procédures internes, nous avons l'avantage de vous adresser ci-joint un état récapitulatif des dossiers en instance au sein (de la Direction/du Service…).

Restant à l'écoute de vos instructions, nous vous prions d'agréer, **Monsieur le Directeur général**, l'assurance de nos sentiments respectueux et dévoués.

(Signature)
(Prénom et nom)

(Raison sociale, forme juridique, capital social, numéro de registre de commerce, adresse, téléphone, fax, mail, etc.)

Emploi du pronom « Je »

(Prénom et nom)
(Fonction)
(Matricule n°…)

(Ville), le (Jour, mois et année)

À Monsieur le Directeur général
de (Raison sociale)
(Ville)

Objet : Demande de permission de (Nombre) jours

Monsieur le Directeur général,

Pour des raisons de famille, j'ai l'avantage de solliciter auprès de votre haute bienveillance une autorisation d'absence de (Nombre de jours en lettres) (Nombre de jours en chiffres) jours, couvrant la période du (Jour) au (Jour, mois et année).

Cette période serait déductible de mon reliquat de jours de congé.

Je vous prie d'agréer, **Monsieur le Directeur général**, l'assurance de mes sentiments respectueux et dévoués.

(Signature)

(Prénom et nom)
(Matricule n°...)
(Fonction)

(Ville), le (Jour, mois et année)

À Monsieur le Directeur général
de (Raison sociale)
(Ville)

Objet : Demande de congé partiel

Monsieur le Directeur général,

Conformément au programme annuel, je vous saurais gré de bien vouloir autoriser la jouissance de mon congé annuel du (jour) au (jour, mois et année).

Le reliquat serait programmé dans le second semestre de l'année en cours, afin d'éviter un cumul.

Dans cette attente, je vous prie d'agréer, **Monsieur le Directeur général**, l'assurance de mes sentiments respectueux et dévoués.

(Signature)

Délivrance d'une attestation de travail

(Prénom et nom)
(Nouvelle fonction)
(Adresse)
(Téléphone)
(E-mail)

(Ville), le (Jour, mois et année)

Le (Fonction)
À Madame le Directeur général de...
(Adresse)

Objet : Demande de délivrance d'une attestation de travail

Madame le Directeur général,

Je sollicite auprès de votre haute bienveillance l'obtention d'une attestation de travail.

En effet, je souhaiterais compléter un dossier de demande de prêt bancaire.

Dans cette attente, je vous prie d'agréer, **Madame le Directeur général**, l'assurance de mes sentiments respectueux et dévoués.

(Signature)

(Prénom et nom)
(Nouvelle fonction)
(Adresse)
(Téléphone)
(E-mail)

(Ville), le (Jour, mois et année)

Le (Fonction)

À Madame le Directeur général de…
(Adresse)

Objet : Demande de délivrance d'une attestation de travail

Madame le Directeur général,

Pour les besoins du dépôt d'une demande de visa auprès de l'Ambassade…, je vous remercie de bien vouloir me délivrer une attestation de travail.

Je vous prie d'agréer, **Madame le Directeur général**, l'assurance de mes sentiments respectueux et dévoués.

(Signature)

Délivrance d'un certificat de travail

(Prénom et nom)
(Nouvelle fonction)
(Adresse)
(Téléphone)
(E-mail)

(Ville), le (Jour, mois et année)

Le (Nouvelle fonction)

À Monsieur le Directeur général
de (Raison sociale)
(Adresse)

Objet : Demande de délivrance d'un certificat de travail

Monsieur le Directeur général,

Je vous saurais gré de bien vouloir me délivrer un certificat de travail, conformément à la législation en vigueur.
En effet, mon contrat de travail est arrivé à terme le (Jour, mois et année).

Me félicitant de notre collaboration, je vous prie d'agréer, **Monsieur le Directeur général**, l'assurance de ma considération distinguée.

(Signature)

Réclamation d'un certificat de travail

(Prénom et nom)
(Nouvelle fonction)
(Adresse)
(Téléphone)
(E-mail)

(Ville), le (Jour, mois et année)

Le (nouvelle fonction)

À Monsieur le Directeur général
de (Raison sociale)
(Adresse)

Objet : Réclamation d'un certificat de travail

Monsieur le Directeur général,

Le contrat de travail en date du (Jour, mois et année) nous liant a pris fin le (Jour, mois et année).

En effet, j'ai déposé une lettre de démission le (Jour, mois et année) et observé un préavis de (Mentionner la durée) mois.

Conformément à la législation en vigueur, je vous remercie de bien vouloir me délivrer, sous huitaine, un certificat de travail.

Dans cette attente, je vous prie d'agréer, **Monsieur le Directeur général**, l'assurance de ma considération distinguée.

(Signature)

Départ volontaire

(Prénom et nom)
(Fonction)
(Adresse)
(Téléphone)
(E-mail)

(Ville), le (Jour, mois et année)

À Monsieur le Directeur général
de (Raison sociale)
(Ville)

Objet : Inscription pour un départ volontaire

Monsieur le Directeur général,

Dans le cadre de la mise en place d'un plan de restructuration sociale, le Conseil d'administration a bien voulu autoriser l'organisation de départs volontaires à l'intention des agents, tous statuts confondus.

Après (Nombre) années de service au sein de la société, j'ambitionne de réaliser un projet personnel.
C'est la raison pour laquelle je sollicite auprès de votre haute bienveillance mon inscription au titre des départs volontaires.

Dans cette attente, je vous prie d'agréer, **Monsieur le Directeur général**, l'assurance de mes sentiments respectueux et dévoués.

(Signature)

Disponibilité

(Prénom et nom)
(Fonction)
(Adresse)
(Téléphone)
(E-mail)

(Ville), le (Jour, mois et année)

À Monsieur le Directeur général
de (Raison sociale)
(Ville)

<u>Objet</u> : Demande de disponibilité (Nombre) ans
élection au poste de (Intitulé) de (Organisme en abrégé)

Monsieur le Directeur général,

J'ai l'avantage de solliciter auprès de votre haute bienveillance une disponibilité de (En lettres puis en chiffres) ans renouvelable.

En effet, j'ai été élu (Intitulé du poste) de (Préciser l'organisme), pour un mandat de (Nombre) ans renouvelable, à l'issue de l'Assemblée générale ordinaire qui s'est tenue le (Jour, mois et année) à (Ville).

Vous trouverez en annexe une copie de l'extrait de résolution relative à cette élection.

Tenant compte de la date de mon installation, cette disponibilité prendrait effet le (Jour, mois et année).

Dans cette attente, je vous prie d'agréer, **Monsieur le Directeur général**, l'assurance de mes sentiments respectueux et dévoués.

(Signature)

P.J. 1

(Prénom et nom)
(Fonction)
(Adresse)
(Téléphone)
(E-mail)

(Ville), le (Jour, mois et année)

À Monsieur le Directeur général
de (Raison sociale)
(Ville)

Objet : Demande de disponibilité (Nombre) ans
nomination au poste de Directeur général de (Organisme en abrégé)

Monsieur le Directeur général,

Il m'est agréable de vous informer de ma nomination au poste de Directeur général de (Préciser l'organisme), à l'issue du Conseil d'administration qui s'est tenu le (Jour, mois et année) à (Ville).

Vous trouverez en annexe une copie de l'extrait de résolution relative à cette nomination.

À cet égard, j'ai l'avantage de solliciter auprès de votre haute bienveillance, une disponibilité de (En lettres puis en chiffres) ans renouvelable.

Tenant compte de la date de prise de fonction, cette disponibilité prendrait effet le (Jour, mois et année).

Dans cette attente, je vous prie d'agréer, **Monsieur le Directeur général**, l'assurance de mes sentiments respectueux et dévoués.

(Signature)

PJ. 1

Demande d'acquisition d'un lot d'ouvrages

(Prénom et nom)
(Fonction)
(Adresse)
(Téléphone)
(E-mail)

(Ville), le (Jour, mois et année)

À Monsieur le Directeur général
de (Raison sociale)
(Ville)

Objet : Demande d'acquisition d'un lot d'ouvrages
(Titre de l'ouvrage)

Monsieur le Directeur général,

J'ai le plaisir de vous informer de la parution de mon ouvrage (Indiquer le titre), le (Jour, mois et année), aux éditions (Nom de l'éditeur). Vous trouverez, ci-joint, une copie de l'avis de parution.

Ouvrage de référence dans le domaine (À préciser), il met en lumière (Décrire en quelques mots les grandes lignes de l'ouvrage).

À cet égard, les activités relevant de votre secteur y figurent en bonne place.

Il me plairait infiniment que votre Institution acquière un lot d'ouvrages en faveur de ses collaborateurs et membres, auprès de (Indiquer les adresses, téléphones et mails des librairies).

Ancien (Fonction en lien avec l'ouvrage), je capitalise une expérience professionnelle de (Nombre) ans dans le secteur (Privé, public ou parapublic), notamment à (Raison sociale en entier et en abrégé).

Restant à votre entière disposition pour toute information complémentaire, je vous prie d'agréer, **Monsieur le Directeur général**, l'assurance de ma considération distinguée.

(Signature)

PJ. 1 copie de l'avis de parution

À l'avocat dans un contentieux social

(Prénom et nom)
(Fonction)
(Adresse)
(Téléphone)
(E-mail)

(Ville), le (Jour, mois et année)

À Maître (Prénom et nom)
Avocat à la Cour
(Adresse)
(Ville)

Objet : Constitution dans l'affaire contre mon ex-employeur
(Raison sociale)

Maître,

Faisant suite à notre entretien en date du (Jour, mois et année) à votre Cabinet d'avocats, je vous constitue dans l'affaire visée en objet.

À cet effet, je vous adresse ci-joint :

- le mémorandum faisant l'économie de cette affaire ;
- les pièces justificatives ;
- la convocation de l'Inspecteur du travail en date du (Jour, mois et année) pour le (Jour, mois et année) à… heures.

Je vous remercie de bien vouloir m'assister à la tentative de conciliation devant l'Inspecteur du travail, suite à ma requête.

Restant à votre entière disposition pour toute information complémentaire, je vous assure, **Maître**, de ma considération distinguée.

(Signature)

P.J. 3

(Prénom et nom)
(Fonction)
(Adresse)
(Téléphone)
(E-mail)

(Ville), le (Jour, mois et année)

À Maître (Prénom et nom)
Avocat à la Cour
(Adresse)
(Ville)

V/Réf…

Objet : Affaire contre mon ex-employeur (Raison sociale)

Maître,

Je voudrais vous féliciter du jugement que vous avez obtenu à l'audience du (Jour, mois et année) auprès du Tribunal du travail de (Ville), condamnant mon ex-employeur à me verser les droits attachés à mon licenciement abusif et des dommages-intérêts.

Mon ex-employeur n'a pas cru devoir interjeter appel de ce jugement assorti de l'exécution provisoire. En revanche, il propose la signature d'un procès-verbal de conciliation.

Je vous donne mandat, à l'effet de signer ce procès-verbal, dans la limite de l'apurement de la dette en six (6) mensualités égales et successives, à compter du (Jour, mois et année).

Dans cette attente, je vous assure, **Maître**, de ma considération distinguée.

(Signature)

(Prénom et nom)
(Fonction)
(Adresse)
(Téléphone)
(E-mail)

(Ville), le (Jour, mois et année)

À Maître (Prénom et nom)
Avocat à la Cour
(Adresse)
(Ville)

V/Réf…

Objet : Remerciements
affaire contre mon ex-employeur (Raison sociale)

Maître,

C'est assurément avec un réel plaisir que je vous adresse mes sincères remerciements pour m'avoir défendu avec brio dans le litige qui m'a opposé à mon ex-employeur.

Ces remerciements s'adressent également à vos collaborateurs, qui ont apporté toute la diligence requise pour un dénouement rapide de mon dossier.

Le résultat auquel vous êtes parvenu ne me surprend guère, puisque votre professionnalisme remonte à plusieurs années, notamment durant la période où je forgeais mes armes au sein de (Raison sociale).

Il s'agit pour moi d'une nouvelle expérience, qui a consisté à être personnellement impliqué dans un litige, après celle relative à la gestion et au suivi du contentieux de sociétés, en rapport avec des avocats.

Je mets à profit cette opportunité pour vous présenter mes vœux les meilleurs à l'occasion du Nouvel An, pour vous-même, votre famille, ainsi qu'à vos collaborateurs.

Je vous assure, **Maître**, de ma considération distinguée.

(Signature)

(Prénom et nom)
(Fonction)
(Adresse)
(Téléphone)
(E-mail)

(Ville), le (Jour, mois et année)

À Maître (Prénom et nom)
Avocat à la Cour
(Adresse)
(Ville)

V/Réf…

Objet : Affaire contre mon ex-employeur (Raison sociale)

Maître,

J'accuse réception de votre lettre en date du (Jour, mois et année) visée en référence, par laquelle vous m'informez du jugement rendu par le Tribunal du travail de (Ville), à l'audience du (Jour, mois et année).
Ce jugement est inacceptable, car il ne prend pas en compte le caractère protecteur du droit du travail à l'égard du salarié.

C'est la raison pour laquelle je vous remercie de bien vouloir en interjeter appel, afin que je sois rétabli dans mes droits.

Dans cette attente, je vous assure, **Maître**, de ma considération distinguée.

(Signature)

Au procureur de la République, au commandant de brigade de gendarmerie ou au commissaire de police pour une plainte

(Prénom et nom)
(Fonction)
(Adresse)
(Téléphone)
(E-mail)

(Ville), le (Jour, mois et année)

À Monsieur le Commandant
de la Brigade de gendarmerie
de (Ville)
(Adresse)

Objet : Plainte contre la gérante de (Raison sociale)
pour troubles nocturnes

Monsieur le Commandant,

J'ai l'avantage de déposer entre vos mains une plainte contre la gérante de (Raison sociale), à la suite de troubles nocturnes, au cours des nuits des (Jour) et (Jour, mois et année), consécutifs à l'utilisation abusive d'un groupe électrogène assourdissant.

En effet, Monsieur (Prénom et nom) est propriétaire d'un immeuble, situé à (Adresse précise) qui abrite plusieurs activités, notamment l'exploitation d'un (À préciser) par Madame (Prénom et nom si possible). Cet immeuble fait face à mon domicile.

Dans la nuit du (Jour, mois et année), vers 23 heures, ne pouvant dormir avec ma famille, j'ai dépêché mon épouse qui n'a pu dissuader Madame (Prénom et nom si possible), la représentante de la gérante, de cesser ces troubles.

C'est la raison pour laquelle j'ai recouru à votre permanence, en appelant au (Numéro de téléphone). Grâce à la prompte diligence de la Brigade de patrouille qui s'est rendue sur les lieux, la représentante de la gérante a été sommée d'arrêter le groupe électrogène.

Le lendemain, vers 24 heures, j'ai dû à nouveau faire appel à la permanence et l'intervention de la Brigade de patrouille a permis d'éteindre le groupe électrogène qui empêche le sommeil de ma famille et celui du voisinage.

Face à ces troubles nocturnes récurrents et à venir ainsi qu'à la résistance de la gérante, je compte sur votre sens élevé de la justice afin que cette dernière respecte, dorénavant, les horaires autorisés dans le cadre d'une exploitation commerciale de jour.

Je vous assure, **Monsieur le Commandant**, de ma considération distinguée.

(Signature)

(Prénom et nom)
(Fonction)
(Adresse)
(Téléphone)
(E-mail)

(Ville), le (Jour, mois et année)

À Monsieur le Procureur
de la République
(Ville)

Objet : Plainte contre X avec constitution de partie civile
Vol d'un téléviseur plat grand écran 48 pouces de marque (À préciser)

Monsieur le Procureur de la République,

Dans la nuit du (Jour) au (Jour, mois et année), j'ai été victime du vol par effraction de mon téléviseur plat grand écran 48 pouces de marque (À préciser).

En effet, je suis rentré de mission dans l'après-midi du (Jour, mois et année), après une absence de (Nombre) jours du territoire national.

Le même jour, j'ai suivi des émissions télévisées jusqu'aux environs de (Indiquer l'heure) au salon où se trouvait le téléviseur.

J'ai constaté le vol le (Jour, mois et année) vers (Indiquer l'heure) du matin, au moment de prendre mon petit-déjeuner.

Un procès-verbal de constat d'huissier et une copie de la facture d'achat du téléviseur sont annexés à la plainte.

En considération de ce qui précède, j'ai l'avantage de porter plainte contre X pour vol et de me constituer partie civile.

Je vous prie d'agréer, **Monsieur le Procureur de la République**, l'assurance de ma haute considération.

(Signature)

P.J. 2

Au président du Tribunal de commerce dans l'adjudication d'un immeuble

(Prénom et nom)
(Fonction)
(Adresse)
(Téléphone)
(E-mail)

(Ville), le (Jour, mois et année)

À Monsieur/Madame l'Administrateur
du Greffe du Tribunal d'instance
de (Ville)

Objet : Dépôt d'un chèque certifié de caution
Soumission vente aux enchères immeuble
sis à (Indiquer l'adresse) objet du TF…

Monsieur/Madame l'Administrateur,

Par avis en date du (Jour, mois et année) paru dans le Journal (À préciser), Maître (Prénom et nom), Avocat à la Cour, a fait paraître une vente aux enchères à l'audience du Tribunal de commerce de (Ville) du (Jour, mois et année), à… heures, de l'immeuble sis à (Indiquer l'adresse), objet du TF…

Cette vente publique est consécutive aux poursuites de la banque (Raison sociale en abrégé) contre (Indiquer la raison sociale ou le nom du débiteur), pour la somme de…, outre les frais et autres accessoires.

En effet, je désire acquérir l'immeuble précité. Conformément au cahier des charges, je vous adresse, ci-annexé, un chèque (Raison sociale de la banque) certifié de caution représentant 10 % du montant de la mise à prix, au nom du créancier.

Je vous prie d'agréer, **Monsieur/Madame l'Administrateur**, l'assurance de ma considération distinguée.

(Signature)

P.J. 1 chèque certifié

(Prénom et nom)
(Fonction)
(Adresse)
(Téléphone)
(E-mail)

(Ville), le (Jour, mois et année)

À Monsieur/Madame le Président
du Tribunal de commerce
de (Ville)

Objet : Requête aux fins de délivrance de la grosse du jugement d'adjudication de l'immeuble sis à (Indiquer l'adresse) objet du TF…

Monsieur/Madame le Président,

Par jugement n°… du (Jour, mois et année), rendu par le Tribunal de commerce de (Préciser la ville), je suis adjudicataire de l'immeuble sis à (Indiquer l'adresse), objet du titre foncier numéro…, suite à des poursuites judiciaires engagées par la banque (Raison sociale en entier puis en abrégé).

En exécution du jugement précité, j'ai procédé au paiement du prix de l'immeuble et des frais auprès du Greffier en chef du Tribunal de commerce.

Aussi, un jugement d'adjudication est insusceptible ni d'opposition ni d'appel, au regard du droit OHADA.

Le seul recours recevable est celui d'une demande en annulation devant le Tribunal de première instance, au plus tard dans les quinze (15) jours qui suivent le prononcé du jugement.

Ce délai étant largement dépassé, je vous remercie de bien vouloir me délivrer la grosse du jugement précité, en vue d'un transfert effectif de propriété de l'immeuble à mon nom, après paiement des droits d'enregistrement et de mutation auprès de la Conservation foncière.

Dans cette attente, je vous prie d'agréer, **Monsieur/Madame le Président**, l'assurance de ma haute considération.

(Signature)

Requêtes dans un héritage

(Prénom et nom)
(Fonction)
(Adresse)
(Téléphone)
(E-mail)

(Ville), le (Jour, mois et année)

À Monsieur/Madame le Président
du Tribunal d'instance
de (Ville)

Objet : Requête aux fins de délivrance d'un jugement d'hérédité
en faveur des héritiers de feu (Prénom et nom)

Monsieur/Madame le Président,

En ma qualité de sœur du défunt, j'ai l'avantage de solliciter auprès de votre haute bienveillance la délivrance d'un jugement d'hérédité en faveur des héritiers de feu (Prénom et nom), décédé le (Jour, mois et année), ainsi qu'il ressort du bulletin de décès établi le même jour par l'Officier d'état-civil de la Commune d'arrondissement de (Préciser le lieu).

Conformément aux dispositions du code de la Famille, les héritiers sont les suivants :

- Madame (Prénom et nom), née le (Jour, mois et année) à (Ville) et mère du défunt ;
- Monsieur (Prénom et nom), né le (Jour, mois et année) à (Ville) et fils du défunt ;
- Mademoiselle (Prénom et nom), née le (Jour, mois et année) à (Ville) et fille du défunt ;
- Mademoiselle (Prénom et nom), née le (Jour, mois et année) à (Ville) et fille du défunt.

À cet effet, je vous adresse ci-joint :

- le bulletin de décès en date du (Jour, mois et année) ;
- la copie légalisée de la Carte nationale d'identité de la mère du défunt ;
- les extraits de naissance des autres héritiers précités ;
- le bulletin de décès du conjoint du défunt du (Jour, mois et année) ;
- la copie légalisée de la Carte nationale d'identité de Monsieur (Prénom et nom), (Fonction), témoin ;
- la copie légalisée de la Carte nationale d'identité de Monsieur (Prénom et nom), (Fonction), témoin.

Dans cette attente, je vous prie d'agréer, **Monsieur/Madame le Président**, l'assurance de ma haute considération.

(Signature)

P.J. 8

(Prénom et nom)
(Fonction)
(Adresse)
(Téléphone)
(E-mail)

(Ville), le (Jour, mois et année)

À Monsieur/Madame l'Administrateur
du Greffe du Tribunal d'instance
de (Ville)

Objet : Demande de délivrance d'un certificat de non opposition ni d'appel
Succession feu (Prénom et nom)

Monsieur/Madame l'Administrateur,

Le Tribunal d'instance de (Indiquer la ville), statuant en matière civile dans la cause successorale de feu (Prénom et nom), décédé le (Jour, mois et année), a rendu le (Jour, mois et année), le jugement d'hérédité n°…

Les délais de recours étant dépassés, je vous remercie de bien vouloir me délivrer un certificat de non opposition ni d'appel à l'encontre de la décision précitée.

Dans cette attente, je vous prie d'agréer, **Monsieur/Madame l'Administrateur**, l'assurance de ma considération distinguée.

(Signature)

P.J. 1 jugement d'hérédité n°…

Héritiers de feu (Prénom et nom)
(Adresse)
(Numéro de téléphone)
(Mail)

(Ville), le (Jour, mois et année)

À Maître (Prénom et nom)
Expert immobilier
(Adresse)
(Ville)

Objet : Évaluation des immeubles sis à (Indiquer l'adresse)
Succession de feu (Prénom et nom)

Maître,

Héritiers de feu (Prénom et nom), en vertu d'un jugement d'hérédité, nous avons l'avantage de vous commettre, à l'effet de procéder à une évaluation des immeubles sis à (Indiquer l'adresse) et objet des titres fonciers ci-après :

- … ;
- … ;
- … ;

À cet effet, nous vous adressons ci-joint une copie du jugement d'hérédité précité numéro…, rendu le (Jour, mois et année) par Monsieur/Madame le président du Tribunal d'instance de (Préciser la ville).

Nous vous prions d'agréer, **Maître**, l'assurance de notre considération distinguée.

(Signature) (Prénom et nom)

(Signature) (Prénom et nom)

(Signature) (Prénom et nom)

(Signature) (Prénom et nom)

P.J. 4

Héritiers de feu (Prénom et nom)
(Adresse)
(Numéro de téléphone)
(Mail)

(Ville), le (Jour, mois et année)

À Maître (Prénom et nom)
Notaire
(Adresse)
(Ville)

Objet : Vente des immeubles sis à (Indiquer l'adresse)
Succession de feu (Prénom et nom)

Maître,

Héritiers de feu (Prénom et nom), en vertu d'un jugement d'hérédité, nous avons l'avantage de vous commettre, à l'effet de diligenter les procédures légales et administratives relatives à la vente des immeubles sis à (Indiquer l'adresse) et objet des titres fonciers ci-après :

- … ;
- … ;
- … ;

À cet effet, nous vous adressons ci-joint :

- la copie du jugement d'hérédité précité numéro…, rendu le (Jour, mois et année) par Monsieur/Madame le président du Tribunal d'instance de (Préciser la ville) ;
- les copies littérales des titres fonciers numéros… ;
- le rapport d'évaluation de l'expert immobilier en date du (Jour, mois et année) ;
- les copies légalisées des Cartes nationales d'identité des héritiers ;
- les copies légalisées des Cartes nationales d'identité de Monsieur (Prénom et nom) et Madame (Prénom et nom), agissant conjointement en vertu des pouvoirs qui leurs ont été conférés suivant une procuration.

Nous vous prions d'agréer, **Maître**, l'assurance de notre considération distinguée.

(Signature)
(Prénom et nom)

(Signature)
(Prénom et nom)

(Signature)
(Prénom et nom)

(Signature)
(Prénom et nom)

P.J. 10

(Prénom et nom)
(Fonction)
(Adresse)
(Téléphone)
(E-mail)

(Ville), le (Jour, mois et année)

À Monsieur/Madame le Président
du Tribunal d'instance
de (Ville)

Objet : Requête aux fins d'homologation par ordonnance d'un procès-verbal de partage entre les héritiers de feu (Prénom et nom)

Monsieur/Madame le Président,

Le (Jour, mois et année), les héritiers de feu (Prénom et nom) se sont réunis, dans le but de liquider définitivement la succession par l'affectation en numéraires des parts d'héritage, conformément au jugement d'hérédité numéro... du (Jour, mois et année).

Ils ont accepté à titre irrévocable et sans réserve, tous les points figurant dans le procès-verbal et décidé, en conséquence, de soumettre celui-ci à votre homologation par ordonnance.

Dans cette attente, je vous prie d'agréer, **Monsieur/Madame le Président**, l'assurance de ma haute considération.

(Signature)

P.J. 1

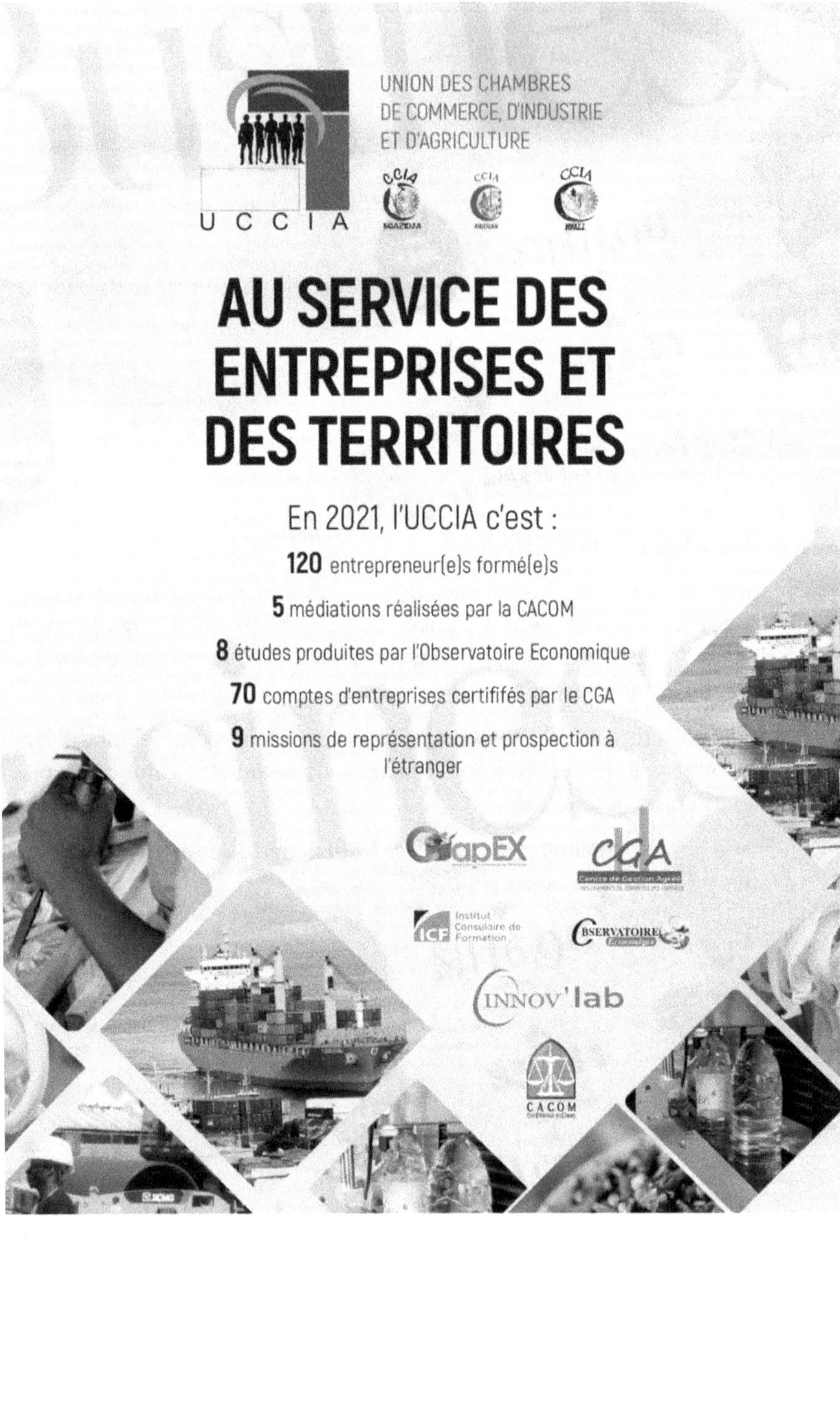
UNION DES CHAMBRES
DE COMMERCE, D'INDUSTRIE
ET D'AGRICULTURE
U C C I A
CCIA
CCIA
CCIA
AU SERVICE DES
ENTREPRISES ET
DES TERRITOIRES
En 2021, l'UCCIA c'est :
120 entrepreneur(e)s formé(e)s
5 médiations réalisées par la CACOM
8 études produites par l'Observatoire Economique
70 comptes d'entreprises certifiés par le CGA
9 missions de représentation et prospection à l'étranger
apEX
CGA
Centre de Gestion Agréé
Institut
Consulaire de
Formation
ICF
OBSERVATOIRE
Economique
INNOV'lab
CACOM

Modèles de lettres du chef d'entreprise

Le modèle ci-après peut servir de trame au chef d'entreprise agissant en qualité de directeur général dans sa communication avec le président de la République, le ministre, l'homologue, le banquier, le travailleur, l'avocat, etc. Il reste entendu que les prénom et nom des personnalités sont facultatifs en tant que destinataires.

Dans les entreprises parapubliques[28], le directeur général est souvent nommé par le président de la République. Il est d'usage qu'il adresse à celui-ci une lettre de remerciements et sollicite, au besoin, une audience, afin de recueillir des conseils et des orientations.

Aussi, il est de coutume qu'il envoie un courrier de remerciements au président de la République, en cas de cessation de ses fonctions, peu importe le motif.

Relativement au ministre de tutelle technique, le directeur général fait des comptes rendus sur certaines questions portant sur l'organisation et le fonctionnement de l'entreprise parapublique, indépendamment de ceux qui sont habituellement effectués par le représentant du ministre aux réunions de l'Assemblée générale et du Conseil d'administration.

Dans l'exercice de ses fonctions, il procède à une déclaration de patrimoine auprès de l'autorité compétente en sa qualité d'ordonnateur des dépenses. Cette déclaration vaut également lorsqu'il quitte les fonctions de directeur général.[29]

Quant au directeur général d'une entreprise privée, sa gestion n'appelle pas le respect des règles et des usages susvisés.

Mais, l'exercice préalable de ses activités peut nécessiter, selon le pays, l'obtention d'un agrément délivré par le ministre concerné ou l'autorité en charge de la gestion d'une agence nationale.

En ce qui concerne la gestion quotidienne, les entreprises parapubliques et celles privées sont assujetties au droit OHADA[30] dans les pays ayant ratifié le Traité[31].

---

[28] Voir note 1 infra.

[29] Au Sénégal : lois n° 2012-30 du 28 décembre 2012 portant création de l'Office national de lutte contre la fraude et la corruption (OFNAC) et n° 2014-17 du 2 avril 2014 relative à la déclaration de patrimoine ; cf. note 24 infra

[30] Cf. note 2 infra sur l'Acte uniforme de l'OHADA du 30 janvier 2014 relatif au droit des sociétés commerciales et du groupement d'intérêt économique.

[31] Cf. note 2 infra.

Ainsi, les relations avec les instances délibérantes obligent le directeur général à communiquer régulièrement avec le président du Conseil d'administration, qui assure le suivi de l'exécution des résolutions en vertu d'un pouvoir de contrôle a posteriori. En tout état de cause, celui-ci ne doit pas empiéter dans la gestion.[32]

N'étant pas placé sous la subordination ou la hiérarchie du président du Conseil d'administration, le directeur général peut attirer l'attention de celui-ci sur l'obligation de convoquer à bonne date les réunions relatives à l'adoption du budget, à l'arrêté des comptes par le Conseil d'administration et à l'approbation desdits comptes par l'Assemblée générale.

Dans le cadre de l'exécution du contrat de travail, la législation sociale met des obligations à la charge du directeur général et du travailleur.[33]

C'est ainsi que l'employeur exerce des pouvoirs : réglementaire, de direction et disciplinaire. En cette qualité, il gère les ressources humaines.

Il est tenu, entre autres, de fournir un travail dans des conditions décentes et de payer le salaire à bonne date.

En retour, le travailleur doit faire preuve de professionnalisme afin d'éviter des manquements qui peuvent justifier l'exercice du pouvoir disciplinaire par le directeur général.

En effet, les sanctions disciplinaires sont des mesures prises par celui-ci, à « la suite d'agissements du travailleur qu'il considère comme fautifs ». Elles vont, en général, de la réprimande au licenciement en passant par l'avertissement et la mise à pied.

Son recours est non seulement encadré par les textes précités, mais contrôlé, a posteriori, par le juge en vue de sanctionner les abus éventuels, car une sanction disciplinaire doit toujours être proportionnée aux faits reprochés au travailleur.

Il s'y ajoute qu'en vertu du principe de non cumul de sanctions disciplinaires « *non bis in idem* », les mêmes faits ne peuvent en aucun cas faire l'objet de plusieurs sanctions.

En tout état de cause, le chef d'entreprise doit, préalablement à toute sanction, adresser une demande d'explications, en précisant le délai de

---

32 Cf. note 2 infra.

33 Cf. note 12 infra.

réponse d'au moins 48 heures à compter de la réception de ladite demande.

Des contentieux peuvent naître en matière sociale, obligeant chaque partie à constituer un avocat.

Dans le domaine commercial, le directeur général fait généralement appel au système bancaire pour démarrer ou développer une activité. Ces actes de gestion sont préalablement autorisés par le Conseil d'administration[34] ou le ministre de tutelle[35]. Ils aboutissent à l'obtention d'une caution, d'un prêt, d'un découvert bancaire, etc.

Dans ce sillage, le directeur général doit s'évertuer à entretenir de bonnes relations avec ses homologues. Il est appelé à organiser ou à participer à des réunions dans son pays et à l'étranger. Des échanges de courriers sont fréquents pour l'organisation de ces réunions de travail, comités directeur, ateliers, forum, symposium…

De plus, ces lettres peuvent concerner une demande de détachement d'un cadre auprès d'un partenaire, un soutien à la candidature d'un cadre à un poste électif, mais également un événement heureux (nomination au poste de directeur général) ou malheureux (décès).

Par ailleurs, les déficits financiers et successifs amènent généralement les actionnaires d'une entreprise privée, à procéder à une recapitalisation ou à une dissolution anticipée de celle-ci.

Dans les deux cas, l'Assemblée générale, réunie en session extraordinaire, est souveraine pour prendre la décision idoine.[36]

Relativement à une dissolution anticipée, les actionnaires faisant élection de domicile à l'étranger sont souvent enclins à donner mandat à un actionnaire sur place, pour les représenter auprès du liquidateur, nommé par l'Assemblée générale.

En tant que mandataire, il incombe à l'actionnaire d'assurer le suivi auprès du liquidateur et de rendre compte régulièrement jusqu'à la clôture des opérations.

---

[34] Voir note 2 infra sur l'Acte uniforme révisé de l'OHADA du 30 janvier 2014 relatif au droit des sociétés commerciales et du groupement d'intérêt économique.

[35] Cf. note 1 infra.

[36] Cf. note 2 infra.

Modèle de lettre standard

(Entête de l'entreprise)

(Ville), le (Jour, mois et année)

Le Directeur général

À Monsieur/Madame (Prénom et nom)
(Fonction)
(Adresse)
(Ville)

V/Réf…
N/Réf…

Objet : (Mentionner de manière succincte la question traitée)

Monsieur/Madame le/la (Fonction),

Corps de la lettre - Corps de la lettre - Corps de la lettre - Corps de la lettre - Corps de la lettre Corps de la lettre - Corps de la lettre - Corps de la lettre - Corps de la lettre - Corps de la lettre

Corps de la lettre - Corps de la lettre - Corps de la lettre - Corps de la lettre - Corps de la lettre

Corps de la lettre - Corps de la lettre - Corps de la lettre - Corps de la lettre - Corps de la lettre

Formule de politesse (Y intégrer in extenso la formule d'appel qui vient après l'objet de la lettre)

(Signature)

(Prénom et nom du chef d'entreprise)

P.J.
C. C.

(Raison sociale, forme juridique, capital social, numéro registre de commerce, NINEA, adresse, téléphone, fax, mail, etc.)

Au Président de la République

Remerciements suite nomination

(Entête de l'entreprise)

(Ville), le (Jour, mois et année)

Le Directeur général

À Son Excellence
Monsieur (Prénom et nom)
Président de la République
du (Pays)
(Ville)

N/Réf…
Objet : Remerciements

Excellence Monsieur le Président de la République,

Je voudrais vous exprimer ma profonde gratitude et vous adresser mes sincères remerciements suite à ma nomination au poste de Directeur général de (Raison sociale en entier et en abrégé).

Émanant du secteur privé, je m'évertuerai à mériter la confiance que vous avez placée en ma modeste personne.

Conformément à votre grande vision mise en œuvre à travers les directives de Monsieur le Premier ministre et les instructions de Monsieur le Ministre (Fonction), je garderai une oreille attentive aux différents acteurs, pour une concertation féconde sur ma feuille de route, afin d'atteindre les objectifs réalistes et réalisables qui me sont assignés.

Puisse Dieu le tout puissant, dans sa miséricorde infinie, vous accorder une longue vie jalonnée d'une bonne santé, afin de vous permettre de finaliser vos grands travaux pour l'Afrique et la *Umma* islamique, qui sont le fruit de vos idées généreuses pour les générations africaines actuelles et celles à venir.

Je vous prie d'agréer, **Excellence Monsieur le Président de la République**, les assurances de ma très haute et respectueuse considération ainsi que de mon entier dévouement.

(Signature)
(Prénom et nom du chef d'entreprise)

(Raison sociale, forme juridique, capital social, numéro registre de commerce, NINEA, adresse, téléphone, fax, mail, etc.)

Demande d'audience suite nomination

(Entête de l'entreprise)

(Ville), le (Jour, mois et année)

Le (Fonction)

À Son Excellence
Monsieur (Prénom et nom)
Président de la République
du (Pays)
(Ville)

N/Réf…
Objet : Remerciements/Demande d'audience

Monsieur le Président de la République,

Au lendemain de ma prise de fonction à la tête de (Raison sociale en entier et en abrégé) où vous avez bien voulu me nommer en qualité de Directeur général, je voudrais vous exprimer ma profonde gratitude et mes sincères remerciements pour cette marque de confiance.

En outre, je voudrais vous renouveler solennellement mon total et loyal dévouement ainsi que mon engagement sans faille à ne ménager aucun effort, sous votre haut éclairage, afin d'atteindre les objectifs qui me sont assignés, conformément à votre grande vision.

À cet égard, je sollicite une audience auprès de votre très haute bienveillance, afin de continuer à bénéficier de vos précieux conseils.

En vous réitérant mes sincères remerciements, je vous prie d'agréer, **Monsieur le Président de la République**, l'expression de ma très haute et respectueuse considération ainsi que de mon entier dévouement.

(Signature)
(Prénom et nom du chef d'entreprise)

(Raison sociale, forme juridique, capital social, numéro registre de commerce, NINEA, adresse, téléphone, fax, mail, etc.)

Remerciements suite remplacement

(Entête de l'entreprise)

(Ville), le (Jour, mois et année)

Le (Fonction)

À Son Excellence
Monsieur (Prénom et nom)
Président de la République
du (Pays)
(Ville)

N/Réf...
Objet : Remerciements

Excellence Monsieur le Président de la République,

Je viens d'être informé de mon remplacement au poste de Directeur général de (Raison sociale en entier et en abrégé), à travers le communiqué du Conseil des ministres en date du (Jour, mois et année).

En cette circonstance, je voudrais vous adresser mes sincères remerciements, pour m'avoir donné l'opportunité, parmi les nationaux, de contribuer au développement économique et social de notre pays.

Puisse Dieu, l'omniprésent, l'omnipotent et l'omniscient, vous accorder une longue vie jalonnée d'une bonne santé, afin de vous permettre de finaliser vos grands travaux générateurs de ressources et créateurs d'emplois.

En vous exprimant solennellement mon total et loyal dévouement ainsi que ma disponibilité constante, je vous prie d'agréer, **Excellence Monsieur le Président de la République,** les assurances de ma très haute considération.

(Signature)
(Prénom et nom du chef d'entreprise)

(Raison sociale, forme juridique, capital social, numéro registre de commerce, NINEA, adresse, téléphone, fax, mail, etc.)

Compte rendu d'un bilan d'activités

(Entête de l'entreprise)

(Ville), le (Jour, mois et année)

Le (Fonction)

À Son Excellence
Monsieur (Prénom et nom)
Président de la République
du (Pays)
(Ville)

N/Réf…

Objet : Compte rendu du bilan des activités
période du (Jour) au (Jour, mois et année)

Monsieur le Président de la République,

Par décret n° (Références), vous avez bien voulu me nommer au poste de Directeur général de (Raison sociale en entier et en abrégé).

Je voudrais vous exprimer ma profonde gratitude et mes sincères remerciements pour cette marque de confiance.

Au terme de (Nombre) années de fonction, je me permets d'adresser à votre très haute attention le bilan des activités, ci-joint, relatif à la période du (Jour) au (Jour, mois et année).

Aussi voudrais-je vous manifester solennellement mon total et loyal dévouement ainsi que mon engagement sans faille à ne ménager aucun effort, sous votre grande vision, afin de mener à bien la mission que vous m'avez confiée, dans la perspective d'une émergence du pays en (Année).

En vous réitérant mes sincères remerciements, je vous prie d'agréer, **Monsieur le Président de la République**, les assurances de ma très haute considération.

(Signature)
(Prénom et nom du chef d'entreprise)

P.J. 1

(Raison sociale, forme juridique, capital social, numéro registre de commerce, NINEA, adresse, téléphone, fax, mail, etc.)

Condoléances

(Entête de l'entreprise)

(Ville), le (Jour, mois et année)

Le Directeur général

À Son Excellence
Monsieur (Prénom et nom)
Président de la République
du (Pays)
(Ville)

N/Réf…

Objet : Condoléances

Monsieur le Président de la République,

C'est assurément avec une profonde tristesse que j'ai appris le rappel à Dieu de votre (lien de parenté).

(Métier), Feu (Prénom et nom du défunt) a toujours été connu pour sa discrétion, sa sagesse, son professionnalisme et son altruisme.

Sa disparition constitue une perte incommensurable pour le (Pays), notamment ma génération qui a bénéficié de ses conseils avisés.

En cette douloureuse circonstance, je voudrais vous présenter les sincères condoléances, en mon nom propre, celui du Conseil d'administration et de l'ensemble du personnel de (Raison sociale en entier puis en abrégé). Ces condoléances s'adressent également à l'ensemble de la famille.

Face à la volonté divine, il ne nous reste plus qu'à prier, afin que Dieu lui ouvre les portes du Paradis.

Puisse le tout miséricordieux vous accorder une longue vie doublée d'une bonne santé, pour vous permettre de mener à bien votre mission de positionnement de notre pays comme partenaire incontournable dans le jeu mondial.

Je vous prie d'agréer, **Monsieur le Président de la République**, les assurances de ma très haute considération.

(Signature)
(Prénom et nom du chef d'entreprise)

(Raison sociale, forme juridique, capital social, numéro registre de commerce, NINEA, adresse, téléphone, fax, mail, etc.)

Au ministre

Demande d'agrément/de renouvellement d'agrément

(Entête de l'entreprise)

(Ville), le (Jour, mois et année)

Le Directeur général

À Monsieur le Ministre
de (Titre)
du (Pays)
(Ville)

N/Réf…
V/Réf…

Objet : Demande d'agrément pour l'exploitation d'un (Activité à préciser)

Monsieur le Ministre,

J'ai l'avantage de solliciter auprès de votre haute bienveillance l'agrément de (Raison sociale en entier et en abrégé) auprès de votre Institution, pour l'exploitation d'un (À préciser).

En effet, (Raison sociale en abrégé) est une société de droit (Pays), sise à (Adresse), dont l'objet social est, entre autres, le (Préciser l'activité principale en relation avec la demande d'agrément). Elle est immatriculée au Registre du commerce sous le numéro (À indiquer).

En outre, l'exploitation d'un (À préciser) relève d'un professionnel ayant une formation pointue et une expérience avérée.

Titulaire du Diplôme de (Indiquer le diplôme indispensable à l'exercice de cette activité), je suis (Nationalité) et totalise une expérience professionnelle de (Nombre) d'années dans le secteur (À préciser), en qualité de (À compléter).

Mon objectif est de contribuer grandement à l'émergence de notre pays, dans la perspective de son développement économique et social.

Je vous prie d'agréer, **Monsieur le Ministre,** l'assurance de ma haute considération.

(Signature)

(Prénom et nom du chef d'entreprise)

P.J.

- Curriculum vitae
- Copie diplôme
- Statuts de (Raison sociale)

(Raison sociale, forme juridique, capital social, numéro registre de commerce, NINEA, adresse, téléphone, fax, mail, etc.

(Entête de l'entreprise)

(Ville), le (Jour, mois et année)

Le Directeur général

À Madame le Ministre
de (Titre)
du (Pays)
(Ville)

N/Réf…
V/Réf…

Objet : Demande de renouvellement d'agrément

Madame le Ministre,

J'ai l'honneur de solliciter auprès de votre haute bienveillance le renouvellement de mon agrément sur une durée de (Nombre) d'années, conformément à la loi n° (Indiquer les références) portant Code (À préciser), objet d'une promulgation par décret n° (Indiquer les références).

En effet, l'agrément que vous avez bien voulu m'accorder le (Jour, mois et année), en vue d'accompagner mon projet de fabrication de (À préciser), a facilité l'installation des machines.

Toutefois, la livraison tardive de ces dernières par le fournisseur est consécutive au retard enregistré dans le démarrage des activités.

Au demeurant, la délivrance de cet agrément est en parfaite adéquation avec la grande vision de Son Excellence Monsieur (Prénom et nom), Président de la République.

Elle traduit également le soutien constant que vous apportez au secteur privé, créateur de richesse et d'emplois, en tant que levier de développement durable et social.

Vous en remerciant par avance, je vous prie d'agréer, **Madame le Ministre,** l'assurance de ma respectueuse considération.

(Signature)

(Prénom et nom du chef d'entreprise)

P.J.

- Copie agrément
- Bon de livraison des machines

(Raison sociale, forme juridique, capital social, numéro registre de commerce, NINEA, adresse, téléphone, fax, mail, etc.)

(Entête de l'entreprise)

(Ville), le (Jour, mois et année)

Le Directeur général

À Monsieur le Ministre
de (Titre)
du (Pays)
(Ville)

N/Réf…
V/Réf…

Objet : Transmission d'une note sur la situation juridique de (Raison sociale)

Monsieur le Ministre,

J'ai l'avantage d'accuser réception de votre lettre en date du (Jour, mois et année), visée en référence, par laquelle vous demandez une note sur la situation juridique de (Raison sociale en entier et en abrégé).

En exécution de vos instructions, je vous adresse, ci-joint, une note exhaustive y relative.

Je vous prie d'agréer, **Monsieur le Ministre**, l'assurance de ma haute considération.

(Signature)
(Prénom et nom du chef d'entreprise)

P. J. 1

(Raison sociale, forme juridique, capital social, numéro registre de commerce, NINEA, adresse, téléphone, fax, mail, etc.)

(Entête de l'entreprise)

(Ville), le (Jour, mois et année)

Le Directeur général

À Monsieur le Ministre
de (Titre)
du (Pays)
(Ville)

N/Réf…
V/Réf…

Objet : Transmission du rapport du groupe de travail et des termes de référence de l'étude sur le positionnement stratégique de (Raison sociale)

Monsieur le Ministre,

En exécution de la deuxième résolution du Conseil d'administration prise en sa séance du (Jour, mois et année) à (Ville), j'ai l'avantage de vous adresser ci-joint le rapport et les termes de référence de l'étude sur le positionnement stratégique de (Raison sociale en entier et en abrégé).

Ces documents sont issus des travaux du groupe de travail mis en place au cours de la réunion du Conseil d'administration susvisé.

Aussi voudrais-je vous adresser, en annexe, un extrait de cette résolution faisant état de la désignation du consultant et de la mise à disposition du financement de l'étude précitée.

Je vous prie d'agréer, **Monsieur le Ministre**, l'assurance de ma haute considération.

(Signature)
(Prénom et nom du chef d'entreprise)

P. J. 2

(Raison sociale, forme juridique, capital social, numéro registre de commerce, NINEA, adresse, téléphone, fax, mail, etc.)

(Entête de l'entreprise)

(Ville), le (Jour, mois et année)

Le Directeur général

À Monsieur le Ministre
de (Titre)
du (Pays)
(Ville)

N/Réf...
V/Réf...

Objet : Compte rendu passation de service
du (Jour, mois et année) entre PCA sortant et PCA entrant

Monsieur le Ministre,

J'ai l'avantage de vous rendre compte de la passation de service qui s'est tenue, le (Jour, mois et année), au siège de (Raison sociale en entier et en abrégé), entre Monsieur (Prénom et nom), Président du Conseil d'Administration sortant et Monsieur (Prénom et nom), Président du Conseil d'Administration entrant.

Cette passation de service s'est déroulée sous la supervision de Monsieur (Prénom et nom), (Fonction) du Ministère (À préciser).

Je vous prie de trouver en annexes, les copies du procès-verbal et du document de passation de service.

Vous en souhaitant bonne réception, je vous prie d'agréer, **Monsieur le Ministre,** l'assurance de ma haute considération.

(Signature)
(Prénom et nom du chef d'entreprise)

P.J. 2

(Raison sociale, forme juridique, capital social, numéro registre de commerce, NINEA, adresse, téléphone, fax, mail, etc.)

(Entête de l'entreprise)

(Ville), le (Jour, mois et année)

Le Directeur général

À Monsieur le Ministre
de (Titre)
du (Pays)
(Ville)

N/Réf...
V/Réf...

Objet : Compte rendu AGO du (Jour, mois et année)
et CA du (Jour, mois et année)

Monsieur le Ministre,

J'ai l'avantage de vous rendre compte des résultats des travaux, issus de l'Assemblée générale ordinaire (AGO) en date du (Jour, mois et année) et du Conseil d'administration (CA) du (Jour, mois et année) du (Raison sociale en entier puis en abrégé).

En effet, la réunion de l'AGO a abouti à l'approbation des comptes des exercices (Préciser les années) et au renouvellement du mandat des représentants du secteur privé, pour une durée de (Nombre) ans.

Elle a également pris acte de la désignation par l'État, des (Nombre en lettres puis en chiffres) membres du CA, représentant le Ministère de (À compléter), le Ministère (À compléter) et le Ministère (À compléter).

En outre, à l'issue du CA, il a été mis en place un bureau composé ainsi qu'il suit :

- Monsieur (Prénom et nom) : Président ;
- Monsieur (Prénom et nom) : 1er Vice-président ;
- Monsieur (Prénom et nom) : 2e Vice-président.

Je vous prie de trouver en annexes les copies des procès-verbaux des réunions précitées.

Vous en souhaitant bonne réception, je vous prie d'agréer, **Monsieur le Ministre,** l'assurance de ma haute considération.

(Signature)

(Prénom et nom du chef d'entreprise)

PJ. 2

(Raison sociale, forme juridique, capital social, numéro registre de commerce, NINEA, adresse, téléphone, fax, mail, etc.)

Au Président du Conseil d'administration (PCA) et inversement

Comptes rendus/remerciements

(Entête de l'entreprise)

(Ville), le (Jour, mois et année)

Le Directeur général

À Monsieur le Président
du Conseil d'administration
(Ville)

N/Réf...
V/Réf...

Objet : Transmission du projet de PV du CA du (Jour, mois et année)

Monsieur le Président,

J'ai l'avantage de vous adresser, aux fins d'observations, le projet de procès-verbal de la réunion du Conseil d'administration en date du (Jour, mois et année).

Vous en souhaitant bonne réception, je vous prie d'agréer, **Monsieur le Président**, l'assurance de ma haute considération.

(Signature)
(Prénom et nom du chef d'entreprise)

P.J. 1

(Raison sociale, forme juridique, capital social, numéro registre de commerce, NINEA, adresse, téléphone, fax, mail, etc.)

(Entête de l'entreprise)

(Ville), le (Jour, mois et année)

Le Directeur général

À Monsieur le Président
du Conseil d'administration
(Ville)

N/Réf...
V/Réf...

Objet : Transmission du PV du CA du (Jour, mois et année)

Monsieur le Président,

J'ai l'avantage de vous adresser, aux fins de signature, le procès-verbal de la réunion du Conseil d'administration en date du (Jour, mois et année) adopté, à l'issue de la réunion du (Jour, mois et année).

Vous en souhaitant bonne réception, je vous prie d'agréer, **Monsieur le Président**, l'assurance de ma haute considération.

(Signature)
(Prénom et nom du chef d'entreprise)

P.J. 1

(Raison sociale, forme juridique, capital social, numéro registre de commerce, NINEA, adresse, téléphone, fax, mail, etc.)

(Entête de l'entreprise)

(Ville), le (Jour, mois et année)

Le Directeur général

À Monsieur le Président
du Conseil d'administration
de (Raison sociale)
(Ville)

N/Réf…
V/Réf…

Objet : Transmission du rapport de l'audit
sur (À préciser)

Monsieur le Président,

Le (Jour, mois et année), Monsieur (Prénom et nom), expert en (À préciser), Directeur général de (Raison sociale en entier puis en abrégé), a présenté, sous forme de PowerPoint devant le Directeur général, les Directeurs, Conseillers et Délégués du personnel, les résultats de l'audit sur (À préciser).

En effet, le rapport précité fait ressortir des manquements, notamment :

- … ;
- … ;
- … ;
- ….

J'ai l'avantage de vous adresser ci-joint une copie de ce rapport à titre de compte rendu.

Une note sera versée au dossier de la prochaine réunion du Conseil d'administration.

Vous en souhaitant bonne réception, je vous prie d'agréer, **Monsieur le Président**, l'assurance de ma haute considération.

(Signature)
(Prénom et nom du chef d'entreprise)

PJ. 1

(Raison sociale, forme juridique, capital social, numéro registre de commerce, NINEA, adresse, téléphone, fax, mail, etc.)

(Entête de l'entreprise)

(Ville), le (Jour, mois et année)

Le Directeur général

À Monsieur le Président
du Conseil d'administration
de (Raison sociale)
(Ville)

N/Réf…
V/Réf…

Objet : Remplacement d'un Administrateur à (Raison sociale en abrégé)

Monsieur le Président,

Monsieur (Prénom et nom), (Fonction) est admis à faire valoir ses droits à une pension de retraite, à compter du (Jour, mois et année).

Je propose son remplacement au poste d'Administrateur par Monsieur (Prénom et nom) pour le compte de (Raison sociale en entier puis en abrégé).

En conséquence, je vous remercie de bien vouloir inscrire, à la prochaine réunion du Conseil d'administration, un point relatif à la cooptation d'un Administrateur.

Vous réitérant mes remerciements, je vous prie d'agréer, **Monsieur le Président**, l'assurance de ma haute considération.

(Signature)
(Prénom et nom du chef d'entreprise)

(Raison sociale, forme juridique, capital social, numéro registre de commerce, adresse, téléphone, fax, mail, etc.)

(Entête de l'entreprise)

(Ville), le (Jour, mois et année)

Le Directeur général

À Monsieur le Président
du Conseil d'administration
de (Raison sociale)
(Ville)

N/Réf…
V/Réf…

Objet : Visite de chantier du projet (À préciser)
(Jour, mois et année) à (Lieu)

Monsieur le Président,

Dans le cadre de la diversification des ressources financières de (Raison sociale en entier puis en abrégé), le Conseil d'administration a bien voulu autoriser la réalisation de (À préciser).

En exécution du projet, je voudrais vous informer que la visite de chantier est fixée le (Jour, mois et année) à (heure) à (Lieu).

À cet effet, je vous saurais gré de bien vouloir désigner un Administrateur pour y prendre part.

Je vous prie d'agréer, **Monsieur le Président**, l'assurance de ma haute considération.

(Signature)
(Prénom et nom du chef d'entreprise)

(Raison sociale, forme juridique, capital social, numéro registre de commerce, NINEA, adresse, téléphone, fax, mail, etc.)

(Entête de l'entreprise)

(Ville), le (Jour, mois et année)

Le Directeur général

À Monsieur le Président
du Conseil d'administration
de (Raison sociale)
(Ville)

N/Réf…
V/Réf…

Objet : Organisation d'un séminaire sur (À préciser)
(Jour, mois et année) à (Lieu)

Monsieur le Président,

Je voudrais vous informer de l'organisation d'un séminaire de renforcement de capacités des membres de notre organisation, sur le thème suivant : « … », du (Jour) au (Jour, mois et année) à (Lieu).

À cet égard, la Direction générale serait honorée de votre présence à cette importante cérémonie, en votre double qualité de Président du Conseil d'administration de (Raison sociale en entier puis en abrégé) et de dirigeant d'entreprises. Je vous adresse, ci-joint, le projet de programme.

Ainsi, l'ouverture de la cérémonie officielle sera présidée par Monsieur (Prénom et nom), Ministre (À préciser).

Je vous prie d'agréer, **Monsieur le Président**, l'assurance de ma haute considération.

(Signature)
(Prénom et nom du chef d'entreprise)

P.J. 1

(Raison sociale, forme juridique, capital social, numéro registre de commerce, NINEA, adresse, téléphone, fax, mail, etc.)

(Entête de l'entreprise)

(Ville), le (Jour, mois et année)

Le Directeur général

À Monsieur le Président
du Conseil d'administration
de (Raison sociale)
(Ville)

N/Réf…

V/Réf…

Objet : Remerciements présence au séminaire sur (À préciser)
(Jour, mois et année) à (Lieu)

Monsieur le Président,

Je voudrais vous remercier très sincèrement d'avoir bien voulu honorer la Direction générale de (Raison sociale en entier et en abrégé), à l'occasion du séminaire de renforcement de capacités des membres de notre organisation, sur le thème intitulé : « … ».

En effet, vous avez, non seulement, pris part à l'ouverture de la cérémonie officielle du (Jour, mois et année), mais procédé à la clôture des travaux, en présence de nombreuses personnalités et d'éminents acteurs du secteur.

À l'issue des travaux, des recommandations pertinentes ont été retenues, dont je vous adresse, en annexe, un recueil.

En exécution des recommandations susvisées, un Comité de suivi a été mis en place regroupant les principaux acteurs.

À cet égard, je vous remercie de bien vouloir désigner un Administrateur pour y siéger.

Dans cette attente, je vous prie d'agréer, **Monsieur le Président**, l'assurance de ma haute considération.

(Signature)
(Prénom et nom du chef d'entreprise)

P.J. 1

(Raison sociale, forme juridique, capital social, numéro registre de commerce, NINEA, adresse, téléphone, fax, mail, etc.)

Alerte du directeur général

(Entête de l'entreprise)

(Ville), le (Jour, mois et année)

Le Directeur général

À Monsieur le Président
du Conseil d'administration
(Ville)

N/Réf...
V/Réf...

Objet : Arrêté et approbation des comptes du (Raison sociale en abrégé)

Monsieur le Président,

Je voudrais rappeler à votre haute attention, les dispositions de l'Acte uniforme de l'OHADA relatives à l'arrêté et à l'approbation des comptes des exercices écoulés du (Raison sociale en entier et en abrégé).

Il est important pour le (Raison sociale en abrégé) de respecter les délais légaux suivants :

- arrêté des comptes de l'exercice écoulé par le Conseil d'administration, au plus tard le 30 avril ;
- approbation desdits comptes par l'Assemblée générale ordinaire, dans les six mois qui suivent la clôture de l'exercice, soit le 30 juin.

En effet, la dernière réunion de l'Assemblée générale remonte au (Jour, mois et année, au titre de l'approbation des exercices (Années à préciser). Les comptes des exercices (Années à préciser) n'ont pas encore fait l'objet d'un examen par l'Assemblée générale ordinaire.

De même, les comptes de l'exercice (Année à indiquer) ne sont pas arrêtés par le Conseil d'administration.

Comme vous le constatez, le (Raison sociale en abrégé) accuse un retard considérable au regard des délais fixés par l'Acte Uniforme de l'OHADA, au moment où les corps de contrôle considèrent le respect desdits délais comme un critère de bonne gouvernance.

C'est la raison pour laquelle, je souhaiterais bénéficier du soutien constant du Conseil d'Administration, afin d'ériger le (Raison sociale en abrégé) comme un modèle de bonne gestion.

Je vous prie d'agréer, **Monsieur le Président,** l'assurance de ma haute considération.

(Signature)
(Prénom et nom du chef d'entreprise)

(Raison sociale, forme juridique, capital social, numéro registre de commerce, NINEA, adresse, téléphone, fax, mail, etc.)

Alerte du président du Conseil d'administration

(Entête de l'entreprise)

(Ville), le (Jour, mois et année)

Le Président
du Conseil d'administration

À Monsieur le Directeur général
(Ville)

N/Réf…
V/Réf…

Objet : Respect des délais légaux

Monsieur le Directeur général,

Le (Raison sociale en entier puis en abrégé) accuse actuellement un important retard dans l'adoption du budget de l'exercice (Indiquer l'année), au moment où les dépenses continuent d'être exécutées. Cette situation ne participe pas de la bonne gouvernance d'entreprise.

Aussi voudrais-je attirer votre attention sur l'impérieuse obligation pour la société de respecter les dispositions de l'Acte uniforme de l'OHADA relatives à l'arrêté et à l'approbation des comptes des exercices écoulés, à savoir :

- l'arrêté des comptes par le Conseil d'administration au plus tard le 30 avril ;
- l'approbation desdits comptes par l'Assemblée générale ordinaire, dans les six mois qui suivent la clôture de l'exercice, soit le 30 juin.

Pour l'avenir, s'agissant des Administrateurs qui ne seraient pas disponibles aux dates de réunions, il leur sera loisible de donner un pouvoir à un autre Administrateur, conformément à la législation en vigueur.

Je vous remercie, en conséquence, de prendre les dispositions utiles, en vue du respect de ces obligations légales.

Dans cette attente, je vous prie d'agréer, **Monsieur le Directeur général**, l'assurance de ma considération distinguée.

(Signature)

(Prénom et nom du PCA)

(Raison sociale, forme juridique, capital social, numéro registre de commerce, NINEA, adresse, téléphone, fax, mail, etc.)

Suivi de l'exécution des résolutions

(Entête de l'entreprise)

(Ville), le (Jour, mois et année)

Le Président
du Conseil d'administration

À Monsieur le Directeur général
(Ville)

N/Réf…
V/Réf…

Objet : Pèlerinage aux Lieux Saints de l'Islam/de la Chrétienté de Monsieur (Prénom et nom), Administrateur

Monsieur le Directeur général,

Au cours de sa séance du (Jour, mois et année), le Conseil d'administration a désigné Monsieur (Prénom et nom), Administrateur, pour effectuer le pèlerinage aux Lieux Saints de l'Islam/de la Chrétienté.

Ci-joint, un extrait de résolution en date du (Jour, mois et année).

À cet effet, je vous remercie de bien vouloir faire prendre les dispositions idoines, en vue du versement de la dotation concernée auprès de l'Agence de voyages (Raison sociale) que Monsieur (Nom de famille) a choisie pour organiser son pèlerinage.

Dans cette attente, je vous prie d'agréer, **Monsieur le Directeur général**, l'assurance de ma considération distinguée.

(Signature)
(Prénom et nom du PCA)

P.J. 1

(Raison sociale, forme juridique, capital social, numéro registre de commerce, NINEA, adresse, téléphone, fax, mail, etc.)

(Entête de l'entreprise)

(Ville), le (Jour, mois et année)

Le Président
du Conseil d'administration

À Monsieur le Directeur général
(Ville)

N/Réf...
V/Réf...

Objet : Délai de transmission du projet de PV du CA

Monsieur le Directeur général,

Au cours de sa séance du (Jour, mois et année), le Conseil d'administration a pris une résolution demandant au Directeur général de transmettre au Président, le projet de procès-verbal de réunion, au plus tard dans les dix (10) jours qui suivent la tenue de ladite réunion.

Ci-joint, un extrait de résolution en date du (Jour, mois et année).

À cet égard, je vous remercie des dispositions que vous voudrez bien prendre, en vue du respect de ce délai.

Je vous prie d'agréer, **Monsieur le Directeur général**, l'assurance de ma considération distinguée.

(Signature)
(Prénom et nom du PCA)

P.J. 1

(Raison sociale, forme juridique, capital social, numéro registre de commerce, NINEA, adresse, téléphone, fax, mail, etc.)

(Entête de l'entreprise)

(Ville), le (Jour, mois et année)

Le Président
du Conseil d'administration

À Monsieur le Directeur général
(Ville)

N/Réf…
V/Réf…

Objet : Cooptation d'un Administrateur

Monsieur le Directeur général,

Au cours de sa séance du (Jour, mois et année), le Conseil d'administration a coopté Monsieur (Prénom et nom) en qualité d'Administrateur, en remplacement de Monsieur (Prénom et nom), démissionnaire. Ci-joint, un extrait de résolution en date du (Jour, mois et année).

Un projet de résolution sera soumis à l'Assemblée générale ordinaire, aux fins de ratification de cette cooptation.

Par conséquent, je vous remercie de bien vouloir faire prendre les dispositions idoines, en vue du versement de jetons de présence au nouvel Administrateur, à compter de la prochaine réunion.

Je vous prie d'agréer, **Monsieur le Directeur général**, l'assurance de ma considération distinguée.

(Signature)
(Prénom et nom du PCA)

P.J. 1

(Raison sociale, forme juridique, capital social, numéro registre de commerce, NINEA, adresse, téléphone, fax, mail, etc.)

(Entête de l'entreprise)

(Ville), le (Jour, mois et année)

Le Président
du Conseil d'administration

À Monsieur le Directeur général
(Ville)

N/Réf…
V/Réf…

Objet : Tenue du Conseil d'administration
le (Jour, mois et année) à (Lieu)

Monsieur le Directeur général,

Après consultation des Administrateurs de (Raison sociale en entier puis en abrégé), j'ai décidé de convoquer le Conseil, le (Jour, mois et année) à (Lieu).

Ainsi, la convocation et les documents leurs parviendront, dès la semaine prochaine, soit au moins quinze (15) jours avant la tenue de la réunion.

À cet effet, je vous remercie des dispositions que vous voudrez bien faire prendre concernant le déplacement et le séjour des Administrateurs.

En outre, il serait souhaitable, comme par le passé, que Monsieur (Prénom et nom), (Fonction) participe aux travaux, en qualité d'expert juridique.

Je vous prie d'agréer, **Monsieur le Directeur général**, l'assurance de ma considération distinguée.

(Signature)
(Prénom et nom du PCA)

(Raison sociale, forme juridique, capital social, numéro registre de commerce, NINEA, adresse, téléphone, fax, mail, etc.)

À l'autorité chargée de la lutte contre la fraude et la corruption

Déclaration de patrimoine

(Prénom et nom)
(Fonction)
(Adresse)
(Téléphone)
(E-mail)

(Ville), le (Jour, mois et année)

À Monsieur/Madame
(Fonction)
(Adresse)
(Ville)

Objet : Déclaration de patrimoine

Monsieur/ Madame le/la (Fonction),

J'ai l'honneur de faire une déclaration de patrimoine, en ma qualité de Directeur général de (Raison sociale en entier et en abrégé).

À cet effet, je vous adresse ci-joint :

- le formulaire de déclaration de patrimoine dûment paraphé et signé ;
- la photocopie légalisée de ma Carte nationale d'identité du (Jour, mois et année) ;
- la photocopie légalisée de la Carte nationale d'identité de mon épouse du (Jour, mois et année) ;
- les extraits de naissance des enfants ;
- l'original du certificat de mariage du (Jour, mois et année) ;
- la copie légalisée de la police d'assurance vie n°… du (Jour, mois et année) ;
- la copie légalisée de la carte grise du véhicule du (Jour, mois et année) ;
- la copie légalisée du titre foncier n°… de la maison ;
- le rapport d'évaluation de la maison du (Jour, mois et année) ;
- la note explicative du (Jour, mois et année) ;

- l'extrait de résolution n°… en date du (Jour, mois et année) relatif à ma nomination en qualité de Directeur général/La copie du décret n°… de nomination au poste de Directeur général ;
- le relevé d'identité bancaire et l'original du relevé des opérations sur la dernière année ;
- les originaux des bulletins de salaire sur les trois derniers mois ;
- l'attestation de revenus du (Jour, mois et année) ;
- la copie légalisée du contrat de prêt du (Jour, mois et année) et le tableau d'amortissement.

Dans l'attente d'un accusé de réception, je vous prie d'agréer, **Monsieur/Madame le/la** (Fonction), l'assurance de ma haute considération.

(Signature)

P.J. 15

Déclaration de cessation de fonction

(Prénom et nom)
(Fonction)
(Adresse)
(Téléphone)
(E-mail)

(Ville), le (Jour, mois et année)

À Monsieur/Madame
(Fonction)
(Adresse)
(Ville)

Objet : Cessation des fonctions de Directeur général
N° de dossier…

Monsieur/Madame le/la (Fonction),

Le (Jour, mois et année), j'ai procédé à une déclaration de patrimoine, en ma qualité de Directeur général de (Raison sociale en entier et en abrégé).

Depuis cette déclaration, mon patrimoine n'a pas connu de variation.

J'ai l'avantage de vous informer de la cessation des fonctions précitées, suite à une réunion du Conseil d'administration en date du (Jour, mois et année) acceptant ma démission.

Vous trouverez ci-joint, un extrait de résolution n°… en date du (Jour, mois et année).

Je vous prie d'agréer, **Monsieur/Madame le/la** (Fonction), l'assurance de ma haute considération.

(Signature)

P.J. 1

(Prénom et nom)
(Fonction)
(Adresse)
(Téléphone)
(E-mail)

(Ville), le (Jour, mois et année)

À Monsieur/Madame (Fonction)
(Adresse)
(Ville)

Objet : Cessation des fonctions de Directeur général
N° de dossier…
Déclaration complémentaire

Monsieur/Madame le/la (Fonction),

Le (Jour, mois et année), j'ai procédé à une déclaration de patrimoine, en ma qualité de Directeur général de (Raison sociale en entier et en abrégé).

À ce jour, mon patrimoine a connu une évolution, à travers l'acquisition des biens suivants :

- … ;
- … ;
- …

En outre, j'ai l'avantage de vous informer de la cessation de mes fonctions précitées par décret n°… du (Jour, mois et année).

Vous trouverez ci-joint, une copie de ce décret et les justificatifs de mes biens additionnels.

Je vous prie d'agréer, **Monsieur/Madame le/la** (Fonction), l'assurance de ma haute considération.

(Signature)

P.J. 4

Au particulier/travailleur

Réponses à des lettres de motivation

(Entête de l'entreprise)

(Ville), le (Jour, mois et année)

Le Directeur général

À Monsieur (Prénom et nom)
(Adresse)
(Ville)

N/Réf…

Objet : Votre lettre de motivation en date du (Jour, mois et année)

Monsieur,

J'accuse réception de votre lettre en date du (Jour, mois et année) par laquelle vous sollicitez un emploi de (Titre) au sein de notre société.

Votre demande a été enregistrée dans le fichier y relatif, en attendant une vacance de poste.

Vous remerciant de l'intérêt que vous portez à notre société, je vous assure, **Monsieur**, de ma considération distinguée.

(Signature)

(Prénom et nom du chef d'entreprise)

(Raison sociale, forme juridique, capital social, numéro registre de commerce, NINEA, adresse, téléphone, fax, mail, etc.)

(Entête de l'entreprise)

(Ville), le (Jour, mois et année)

Le Directeur des Ressources humaines

À Monsieur (Prénom et nom)
(Adresse)
(Ville)

N/Réf…

Objet : Votre lettre de motivation en date du (Jour, mois et année)

Monsieur,

J'ai l'avantage d'accuser réception de votre lettre en date du (Jour, mois et année) par laquelle vous sollicitez un emploi de (Titre) au sein de notre société.

Votre demande a été enregistrée dans le fichier y relatif, en l'absence de poste à pourvoir.

Aussi ne manquerai-je pas de vous revenir dès qu'une opportunité se présentera concernant votre profil.

Vous remerciant de l'intérêt que vous portez à notre société, je vous assure, **Monsieur**, de ma considération distinguée.

(Signature par ordre/Délégation)

(Prénom et nom du Directeur des Ressources humaines)

(Raison sociale, forme juridique, capital social, numéro registre de commerce, NINEA, adresse, téléphone, fax, mail, etc.)

(Entête de l'entreprise)

(Ville), le (Jour, mois et année)

Le Directeur général

À Monsieur (Prénom et nom)
(Adresse)
(Ville)

N/Réf…

Objet : Votre lettre de motivation en date du (Jour, mois et année)

Monsieur,

J'accuse réception de votre lettre en date du (Jour, mois et année) par laquelle vous sollicitez un emploi de (Titre) au sein de notre société.

Après examen de votre dossier, je vous informe de votre présélection en vue d'un entretien avec la Commission d'examen des candidatures.

À cet effet, je vous invite à vous présenter devant Monsieur (Prénom et nom), Directeur du Capital humain, le (Jour, mois et année) à (Chiffre) heures muni de l'original de votre diplôme.

Je vous assure, **Monsieur**, de ma considération distinguée.

(Signature)
(Prénom et nom du chef d'entreprise)

C.C. Directeur du Capital humain

(Raison sociale, forme juridique, capital social, numéro registre de commerce, NINEA, adresse, téléphone, fax, mail, etc.)

(Entête de l'entreprise)

(Ville), le (Jour, mois et année)

Le Directeur du Capital humain

À Monsieur (Prénom et nom)
(Adresse)
(Ville)

N/Réf…

Objet : Votre lettre de motivation en date du (Jour, mois et année)

Monsieur,

J'ai l'avantage d'accuser réception de votre lettre en date du (Jour, mois et année) par laquelle vous sollicitez un emploi de (Titre) au sein de notre société.

Après examen de votre dossier par la commission d'examen des candidatures, je vous informe de votre présélection, en vue d'un entretien avec le Directeur du Capital humain.

À cet effet, je vous invite à vous présenter au Secrétariat de ma Direction, le (Jour, mois et année) à (Chiffre) heures muni de l'original de votre diplôme.

Vous remerciant de l'intérêt que vous portez à notre société, je vous assure, **Monsieur**, de ma considération distinguée.

(Signature par ordre/Délégation)
(Prénom et nom du Directeur du Capital humain)

(Raison sociale, forme juridique, capital social, numéro registre de commerce, NINEA, adresse, téléphone, fax, mail, etc.)

(Entête de l'entreprise)

(Ville), le (Jour, mois et année)

Le Directeur général

À Monsieur (Prénom et nom)
(Adresse)
(Ville)

N/Réf…

Objet : Votre lettre de motivation du (Jour, mois et année)
Annonce Journal (Raison sociale) du (Jour, mois et année)

Monsieur,

J'accuse réception de votre lettre en date du (Jour, mois et année) par laquelle vous faites acte de candidature au poste de (Titre) au sein de notre société.

Après examen de votre dossier, je vous informe de votre présélection en vue d'un entretien avec la Commission d'examen des candidatures.

À cet effet, je vous invite à vous présenter devant Monsieur (Prénom et nom), Directeur des Ressources humaines, le (Jour, mois et année) à (Chiffre) heures muni de l'original de votre diplôme.

Je vous assure, **Monsieur**, de ma considération distinguée.

(Signature)
(Prénom et nom du chef d'entreprise)

(Raison sociale, forme juridique, capital social, numéro registre de commerce, NINEA, adresse, téléphone, fax, mail, etc.)

Réponses à des demandes de stage

(Entête de l'entreprise)

(Ville), le (Jour, mois et année)

Le Directeur général

À Monsieur (Prénom et nom)
(Adresse)
(Ville)

N/Réf...

Objet : Votre demande de stage du (Jour, mois et année)

Monsieur,

J'accuse réception de votre lettre en date du (Jour, mois et année) par laquelle vous sollicitez un stage au sein de notre société.

Après examen de votre dossier, je vous invite à vous présenter auprès de Monsieur (Prénom et nom), Directeur des Ressources humaines, le (Jour, mois et année) à (Chiffre) heures, en vue de l'accomplissement des formalités d'usage.

Je vous assure, **Monsieur**, de ma considération distinguée.

(Signature)
(Prénom et nom du chef d'entreprise)

C.C. Directeur des Ressources humaines

(Raison sociale, forme juridique, capital social, numéro registre de commerce, NINEA, adresse, téléphone, fax, mail, etc.)

(Entête de l'entreprise)

(Ville), le (Jour, mois et année)

Le Directeur général

À Monsieur (Prénom et nom)
(Adresse)
(Ville)

N/Réf…

Objet : Votre demande de stage du (Jour, mois et année)

Monsieur,

J'accuse réception de votre lettre en date du (Jour, mois et année) par laquelle vous sollicitez un stage au sein de notre société.

Votre demande a été enregistrée dans le fichier y relatif, en raison du plafond actuel de stagiaires.

Aussi ne manquerai-je pas de vous revenir dès qu'une opportunité se présentera concernant votre profil.

Je vous assure, **Monsieur**, de ma considération distinguée.

(Signature)
(Prénom et nom du Directeur général)

(Raison sociale, forme juridique, capital social, numéro registre de commerce, NINEA, adresse, téléphone, fax, mail, etc.)

Paiement du salaire par virement

(Entête de l'entreprise)

(Ville), le (Jour, mois et année)

Le Directeur général

À Monsieur (Prénom et nom)
(Fonction)
(Matricule)

N/Réf…

Objet : Paiement de votre salaire par virement

Monsieur,

Conformément à la réglementation en vigueur, le salaire de tout agent, dont le montant est supérieur ou égal à (Indiquer le montant en lettres et en chiffres), doit faire l'objet d'un virement par l'employeur, dans un compte ouvert auprès d'une banque de la place.

À cet égard, je vous invite à communiquer, dans les meilleurs délais, à la Direction du Capital humain, le numéro de votre compte bancaire, pour les besoins du virement de votre salaire, à compter du mois de (À préciser).

Je vous assure, **Monsieur**, de ma considération distinguée.

(Signature)
(Prénom et nom du Directeur général)

C.C. Directeur du Capital humain

(Raison sociale, forme juridique, capital social, numéro registre de commerce, NINEA, adresse, téléphone, fax, mail, etc.)

Demandes d'explications

(Entête de l'entreprise)

(Ville), le (Jour, mois et année)

Le Directeur général

À Monsieur (Prénom et nom de l'agent)

(Fonction)

Matricule n°…

Réf…

Objet : Demande d'explications

Dans la matinée du (Jour, mois et année), votre permis de conduire et les pièces du bus ont été retenus par le Chef de la Brigade de gendarmerie de (Lieu), pour non-respect du Code de la route.

Je vous invite à me fournir les explications idoines, au plus tard, dans les 48 heures qui suivent la réception de la présente.

(Signature)

(Prénom et nom du chef d'entreprise)

Ampliations :

- DRH ;
- Chef du parc.

(Raison sociale, forme juridique, capital social, numéro registre de commerce, NINEA, adresse, téléphone, fax, mail, etc.)

(Entête de l'entreprise)

(Ville), le (Jour, mois et année)

Le Directeur général

À Monsieur (Prénom et nom de l'agent)
(Fonction)
Matricule n°...

Réf...
Objet : Demande d'explications

Monsieur,

Depuis plusieurs jours, je constate, à travers le système de pointage digital vos retards répétitifs et injustifiés qui causent des dysfonctionnements au sein du Service Achats de la société.

En effet, les clients sont obligés d'attendre l'ouverture du magasin après 8 heures, alors que l'horaire d'embauche est à 7 heures 30 minutes.

Face à cette situation qui écorne l'image de la société, je vous demande de me fournir des explications, au plus tard, dans les 48 heures qui suivent la réception de la présente.

Je vous assure, **Monsieur**, de ma considération distinguée.

(Signature)
(Prénom et nom du chef d'entreprise)

Ampliations :
- DRH ;
- DC.

(Raison sociale, forme juridique, capital social, numéro registre de commerce, NINEA, adresse, téléphone, fax, mail, etc.)

Sanctions disciplinaires

(Entête de l'entreprise)

(Ville), le (Jour, mois et année)

Le Directeur général

À Monsieur (Prénom et nom de l'agent)
(Fonction)
Matricule n°...

Réf...
Objet : Avertissement

Les réponses que vous avez apportées à la demande d'explication en date du (Jour, mois et année) ne sont pas pertinentes.

En effet, vous avez délibérément roulé en sens interdit le (Jour, mois et année) au lieu de contourner le rond-point menant au centre-ville, au moment d'assurer le transport de la clientèle.

Interpellé par un gendarme, votre permis de conduire et les pièces du bus ont été retenus.

Cette attitude est contraire au professionnalisme connu de la société et aux strictes consignes qui vous sont données au cours des réunions.

Malgré mes différents rappels à l'ordre, vous persistez dans votre comportement.

Prenant en compte votre manque de professionnalisme, je vous inflige un avertissement et vous appelle au respect du Code de la route.

(Signature)
(Prénom et nom du chef d'entreprise)

Ampliations :
- DRH ;
- Chef du parc.

(Raison sociale, forme juridique, capital social, numéro registre de commerce, NINEA, adresse, téléphone, fax, mail, etc.)

(Entête de l'entreprise)

(Ville), le (Jour, mois et année)

Le Directeur général

À Monsieur (Prénom et nom de l'agent)
(Fonction)
Matricule n°...

Réf...
Objet : Rappel à l'ordre

Monsieur,

Les réponses que vous avez apportées à la demande d'explication en date du (Jour, mois et année) ne sont pas pertinentes.

En effet, vos retards répétitifs et injustifiés constituent non seulement un obstacle au bon fonctionnement du Service achats, mais une mauvaise image pour la société.

Malgré mes différents rappels à l'ordre, vous persistez dans votre comportement. Je vous rappelle à l'ordre et vous appelle à un comportement professionnel.

Je vous assure, **Monsieur**, de ma considération distinguée.

(Signature)
(Prénom et nom du chef d'entreprise)

Ampliations :
- DRH ;
- DC.

(Raison sociale, forme juridique, capital social, numéro registre de commerce, NINEA, adresse, téléphone, fax, mail, etc.)

Notification de départ à la retraite d'un travailleur

(Entête de l'entreprise)

(Ville), le (Jour, mois et année)

Le Directeur général

À Monsieur (Prénom et nom)
(Fonction)
(Matricule)

N/Réf…

Objet : Notification de départ à la retraite à l'âge de 60 ans

Monsieur,

Faisant suite à notre entretien du (Jour, mois et année) en présence du Directeur du Capital humain, je vous notifie par la présente votre départ à la retraite dans un an, soit le (Jour, mois et année).

En conséquence de ce qui précède, vos droits seront payés au moment de votre départ à la retraite, conformément à la réglementation en vigueur.

À titre préventif, je vous invite à vous rapprocher du Directeur du Capital humain, en vue des vérifications d'usage auprès de la Caisse des retraites relativement à votre situation administrative.

Je vous assure, **Monsieur**, de ma considération distinguée.

(Signature)
(Prénom et nom du chef d'entreprise)

C.C. Directeur du Capital humain

(Raison sociale, forme juridique, capital social, numéro registre de commerce, NINEA, adresse, téléphone, fax, mail, etc.)

Prolongation de l'âge de départ à la retraite à 65 ans

(Entête de l'entreprise)

(Ville), le (Jour, mois et année)

Le Directeur général

À Monsieur (Prénom et nom)
(Fonction)
(Matricule)

N/Réf…

Objet : Proposition de poursuite des relations de travail à 65 ans

Monsieur,

Faisant suite à notre entretien du (Jour, mois et année) en présence du Directeur du Capital humain, je vous propose la poursuite des relations de travail, au-delà de l'âge de soixante (60) ans, sans pour autant excéder soixante-cinq (65) ans.

Si cette proposition rencontre votre adhésion, je vous invite à me la confirmer, au plus tard dans les huit (8) jours qui suivent la réception de la présente.

Auquel cas, vos droits seront liquidés et payés au moment de votre départ définitif à la retraite, conformément à la réglementation en vigueur.

Je vous assure, **Monsieur**, de ma considération distinguée.

(Signature)
(Prénom et nom du chef d'entreprise)

C.C. Directeur du Capital humain

(Raison sociale, forme juridique, capital social, numéro registre de commerce, NINEA, adresse, téléphone, fax, mail, etc.)

Rejet de prolongation de l'âge de départ à la retraite à 65 ans

(Entête de l'entreprise)

(Ville), le (Jour, mois et année)

Le Directeur général

À Monsieur (Prénom et nom)
(Fonction)
(Matricule)

N/Réf…

Objet : Réponse à votre lettre du (Jour, mois et année)

Monsieur,

J'ai l'avantage d'accuser réception de votre lettre en date du (Jour, mois et année) par laquelle vous sollicitez la poursuite des relations de travail jusqu'à l'âge de soixante-cinq (65) ans.

Après examen de votre dossier, je suis au regret de ne pouvoir donner une suite favorable à votre demande, en raison de votre poste qui entre dans la catégorie des travaux pénibles.

Par conséquent, votre départ à la retraite est fixé le (Jour, mois et année), conformément à la législation en vigueur.

À cette date, vos droits feront l'objet d'une liquidation et d'un paiement par virement bancaire, tel qu'il ressort de la domiciliation de vos revenus auprès de (Indiquer la raison sociale de la banque).

Je vous assure, **Monsieur**, de ma considération distinguée.

(Signature)
(Prénom et nom du chef d'entreprise)

C.C. Directeur du Capital humain

(Raison sociale, forme juridique, capital social, numéro registre de commerce, NINEA, adresse, téléphone, fax, mail, etc.)

Au directeur général de banque

Ouverture d'un compte en faveur d'un travailleur

(Entête de l'entreprise)

(Ville), le (Jour, mois et année)

Le Directeur général

À Monsieur le Directeur général
de (Raison sociale)
(Ville)

N/Réf…
V/Réf…

Objet : Demande d'une ouverture de compte bancaire
en faveur de Monsieur (Prénom et nom)

Monsieur le Directeur général,

J'ai l'avantage de solliciter auprès de votre bienveillance l'ouverture d'un compte bancaire dans vos livres, en faveur de Monsieur (Prénom et nom).

Nouvellement embauché en qualité de cadre, il compte domicilier son salaire auprès de votre Institution.

Par conséquent, je vous informerai de tout changement intervenant dans sa situation juridique, notamment en cas de démission, licenciement ou départ à la retraite.

Dans cette attente, je vous assure, **Monsieur le Directeur général**, de ma considération distinguée.

(Signature)
(Prénom et nom du chef d'entreprise)

(Raison sociale, forme juridique, capital social, numéro registre de commerce, NINEA, adresse, téléphone, fax, mail, etc.)

Arrêt de virement de salaire d'un travailleur

(Entête de l'entreprise)

(Ville), le (Jour, mois et année)

Le Directeur général

À Monsieur le Directeur général
de (Raison sociale)
(Ville)

N/Réf…
V/Réf…

Objet : Demande d'arrêt de virement de salaire à compter du (Jour, mois et année) en faveur de Monsieur (Prénom et nom)

Monsieur le Directeur général,

J'ai l'avantage de vous informer que le contrat de travail de Monsieur (Prénom et nom) a fait l'objet d'une rupture à l'amiable.

Par conséquent, je vous remercie de bien vouloir mettre fin au virement permanent de salaire en sa faveur, à compter du (Jour, mois et année).

Relativement au prêt qu'il a souscrit auprès de votre institution, je vous adresse par la présente, le paiement du reliquat de (Montant) FCFA, pour solde de tout compte.

Dans cette attente, je vous assure, **Monsieur le Directeur général**, de ma considération distinguée.

(Signature)
(Prénom et nom du chef d'entreprise)

(Raison sociale, forme juridique, capital social, numéro registre de commerce, NINEA, adresse, téléphone, fax, mail, etc.)

Départ à la retraite d'un travailleur

(Entête de l'entreprise)

(Ville), le (Jour, mois et année)

Le Directeur général

À Monsieur le Directeur général
de (Raison sociale)
(Ville)

N/Réf…
V/Réf…

Objet : Départ à la retraite de Monsieur (Prénom et nom)

Monsieur le Directeur général,

Par lettre en date du (Jour, mois et année), le (Raison sociale en entier et en abrégé) s'est engagé à virer de manière irrévocable le salaire de Monsieur (Prénom et nom), dans son compte bancaire n° (Chiffres) ouvert dans vos livres et à vous informer de tout changement qui interviendrait dans sa situation juridique.

Conformément à cet engagement, je vous notifie le départ à la retraite de Monsieur (Nom de famille), à compter du (Jour, mois et année), après de bons et loyaux services.

Par conséquent, la lettre précitée devient caduque à cette date.

Je vous assure, **Monsieur le Directeur général**, de ma considération distinguée.

(Signature)
(Prénom et nom du chef d'entreprise)

(Raison sociale, forme juridique, capital social, numéro registre de commerce, NINEA, adresse, téléphone, fax, mail, etc.)

Caution bancaire

(Entête de l'entreprise)

(Ville), le (Jour, mois et année)

Le Directeur général

À Monsieur le Directeur général
de (Raison sociale)
(Ville)

N/Réf…
V/Réf…

Objet : Demande de délivrance d'une caution bancaire
de (Montant en chiffres) pour la soumission à un marché

Monsieur le Directeur général,

J'ai l'avantage de solliciter auprès de votre bienveillance l'obtention d'une garantie bancaire aux fins de soumissionner à l'appel d'offres en date du (Jour, mois et année) portant sur la fourniture (Préciser la nature des prestations) et référencé (Indiquer les références).

Au titre des conditions à remplir, je dois présenter cette garantie, sous peine du rejet de ma soumission.

Tenant compte de l'importance de ce marché, les recettes issues de mes activités seront domiciliées dans le compte bancaire n° (Compléter le numéro) ouvert dans vos livres.

Dans cette attente, je vous prie d'agréer, **Monsieur le Directeur général,** l'assurance de ma considération distinguée.

(Signature)
(Prénom et nom du chef d'entreprise)

PJ. 1

(Raison sociale, forme juridique, capital social, numéro registre de commerce, NINEA, adresse, téléphone, fax, mail, etc.)

(Entête de l'entreprise)

(Ville), le (Jour, mois et année)

Le Directeur général

À Monsieur le Directeur général
de (Raison sociale)
(Ville)

N/Réf…
V/Réf…

Objet : Demande de délivrance d'une caution bancaire de (Montant en chiffres) pour l'obtention d'un agrément

Monsieur le Directeur général,

La renommée internationale de votre Institution m'encourage à faire une offre de partenariat gagnant-gagnant, à travers la sollicitation d'une caution bancaire à hauteur de (Montant en lettres puis en chiffres), permettant à (Raison sociale en entier et en abrégé) de disposer de l'agrément (À Préciser).

La date butoir du (Jour, mois et année) m'a été fixée pour la production de la caution précitée, dont un exemplaire est joint à la présente.

En effet, l'obtention de cet agrément est une opportunité permettant à (Raison sociale en abrégé) de mener ses activités sans recourir à la sous-traitance, développant ainsi son chiffre d'affaires.

En outre, les opérations y relatives seront domiciliées dans un compte ouvert auprès de votre banque.

Appréciant la qualité des services, des sociétés publiques, parapubliques et privées ont signé déjà signé des contrats annuels.

Dans cette attente, je vous prie d'agréer, **Monsieur le Directeur général,** l'assurance de ma considération distinguée.

(Signature)
(Prénom et nom du chef d'entreprise)

PJ. 1

(Raison sociale, forme juridique, capital social, numéro registre de commerce, NINEA, adresse, téléphone, fax, mail, etc.)

Découvert bancaire

(Entête de l'entreprise)

(Ville), le (Jour, mois et année)

Le Directeur général

À Monsieur le Directeur général
de (Raison sociale)
(Ville)

N/Réf…
V/Réf…

Objet : Demande de découvert temporaire (Montant en chiffres) pour l'exécution d'un marché

Monsieur le Directeur général,

Je voudrais vous remercier très sincèrement de votre accompagnement constant et du prêt que vous avez octroyé à (Raison sociale en entier puis en abrégé), le (Jour, mois et année), dans le cadre de la construction du siège social.

En effet, cet accompagnement au secteur privé en général et à (Raison sociale en abrégé) en particulier, a grandement contribué à l'essor des affaires dans le pays.

Dans ce sillage, j'ai le plaisir de vous informer que (Raison sociale du Client) a notifié à (Raison sociale en abrégé) l'attribution définitive d'un marché, d'un montant (En lettres et en chiffres) portant sur (Préciser la nature du marché), dont une copie est jointe.

Une bonne exécution du marché précité requiert tout d'abord un déplacement à l'étranger, en raison du fait que les produits à livrer sont actuellement indisponibles sur le marché local.

Ensuite, les délais d'acheminement par conteneurs prennent trente (30) à quarante-cinq (45) jours selon la période.

Enfin, la livraison au client est de trente (30) jours, à compter de la signature du contrat de prestation de services.

Pour toutes les raisons susvisées, je vous remercie de bien vouloir poursuivre votre accompagnement, à travers la mise à disposition d'un découvert temporaire de (Montant en lettres et en chiffres), en vue de permettre à ma société de respecter ses engagements envers le client.

Profondément attaché à notre partenariat gagnant-gagnant et à la qualité des services, je vous assure, **Monsieur le Directeur général**, de ma considération distinguée.

(Signature)

(Prénom et nom du chef d'entreprise)

P.J. 1 copie notification attribution du marché

(Raison sociale, forme juridique, capital social, numéro registre de commerce, NINEA, adresse, téléphone, fax, mail, etc.)

Ligne de crédit

(Entête de l'entreprise)

(Ville), le (Jour, mois et année)

Le Directeur général

À Monsieur le Directeur général
de (Raison sociale)
(Ville)

À l'attention de Monsieur…, Chargé de comptes

N/Réf…

V/Réf…

Objet : Demande d'ouverture d'une ligne de crédit
compte n°…

Monsieur le Directeur général,

Faisant suite à mes différents entretiens avec le Chargé de comptes, j'ai l'avantage de solliciter auprès de votre bienveillance l'obtention d'une ligne de crédit au profit de (Raison sociale en entier et en abrégé).

En effet, le développement des activités de la société m'a conduit à ouvrir une agence de voyage et de tourisme, en abrégé « … », et destinée, entre autres, à l'émission de billets d'avion et au conseil à la clientèle.

Force est de constater que les paiements de la grande clientèle s'effectuent plus tard, après l'émission des billets automatiques, sur la base de bons de commande, au moment où le versement auprès des compagnies aériennes est au comptant.

Cette situation affecte la trésorerie et m'oblige à faire preuve de diligence dans le recouvrement des retards de paiements.

C'est la raison pour laquelle l'obtention de la ligne de crédit précitée permettrait à la société de faire face à ses engagements, le temps de procéder au recouvrement.

À cet effet, je me tiens à votre entière disposition pour toute information complémentaire.

Je vous assure, **Monsieur le Directeur général**, de ma considération distinguée.

(Signature)

(Prénom et nom du chef d'entreprise)

(Raison sociale, forme juridique, capital social, numéro registre de commerce, NINEA, adresse, téléphone, fax, mail, etc.)

Au client/fournisseur

Recouvrement de créances

(Entête de l'entreprise)

(Ville), le (Jour, mois et année)

Le Directeur général

À Monsieur (Prénom et nom)
Directeur général
de (Raison sociale)
(Ville)

N/Réf…

V/Réf…

Objet : Demande de paiement du reliquat de 60 % de la facture
Livraison de (Indiquer la nature des articles)

Monsieur le Directeur général,

Faisant suite à la livraison de votre commande, j'ai l'avantage de vous adresser, ci-joint, la facture relative au reliquat de 60 %, soit la somme de (En lettres puis en chiffres), au titre de la confection (Indiquer la nature des articles).

Au moment de cette livraison, (Nombre et nature des articles) ont été offerts à votre société, marquant ainsi un début de collaboration qui augure de bonnes perspectives.

Me félicitant de votre collaboration et restant à votre entière disposition dans le cadre du développement de la qualité des services, je vous assure, **Monsieur le Directeur général**, de ma considération distinguée.

(Signature)

(Prénom et nom du chef d'entreprise)

(Raison sociale, forme juridique, capital social, numéro registre de commerce, NINEA, adresse, téléphone, fax, mail, etc.)

(Entête de l'entreprise)

(Ville), le (Jour, mois et année)

Le Directeur général

À Monsieur (Prénom et nom)
Directeur général
de (Raison sociale)
(Ville)

N/Réf…
V/Réf…

Objet : Régularisation factures impayées (À Préciser mois et année)

Monsieur le Directeur général,

J'ai l'avantage de solliciter auprès de votre bienveillance, la régularisation de la situation de votre société par le paiement des factures échues et impayées, d'un montant global de (En Chiffres puis en lettres), dont les copies sont jointes.

Ces factures sont relatives aux prestations de service (Indiquer leur nature) dont le détail est le suivant :

- (Mois et année) : (Montant en chiffres) ;
- (Mois et année) : (Montant en chiffres) ;
- (Mois et année) : (Montant en chiffres).

Je vous remercie, en conséquence, des dispositions que vous voudrez bien faire prendre, afin de procéder au paiement de la somme globale ci-haut citée et de veiller, à l'avenir, au respect des dispositions du contrat concernant le règlement dans les 15 jours qui suivent la présentation de la facture.

Dans cette attente, je vous prie d'agréer, **Monsieur le Directeur général,** l'assurance de ma considération distinguée.

(Signature)
(Prénom et nom du chef d'entreprise)

PJ. 3 factures

(Raison sociale, forme juridique, capital social, numéro registre de commerce, NINEA, adresse, téléphone, fax, mail, etc.)

(Entête de l'entreprise)

(Ville), le (Jour, mois et année)

Le Directeur général

À Monsieur (Prénom et nom)
Directeur général
de (Raison sociale)
(Ville)

N/Réf...
V/Réf...

Objet : Paiement facture (Mois et année)
Régularisation factures impayées (Mois et année)

Monsieur le Directeur général,

J'ai l'avantage de solliciter auprès de votre bienveillance le paiement de la facture du mois de (Mois et année) relative aux prestations de service de (Indiquer leur nature), pour un montant de (Montant en lettres et en chiffres).

Vous trouverez ci-joint une copie de la facture précitée.

En outre, je voudrais rappeler à votre attention les factures impayées des mois ci-après :

- (Mois et année) : (Montant en chiffres) ;
- (Mois et année) : (Montant en chiffres).

Je vous remercie, en conséquence, des dispositions que vous voudrez bien faire prendre, afin de procéder au paiement de la somme globale de (En chiffres) et de me tenir régulièrement copies des virements effectués.

Dans cette attente, je vous prie d'agréer, **Monsieur le Directeur général**, l'assurance de ma considération distinguée

(Signature)
(Prénom et nom du chef d'entreprise)

PJ. 3 factures

(Raison sociale, forme juridique, capital social, numéro registre de commerce, NINEA, adresse, téléphone, fax, mail, etc.)

(Entête de l'entreprise)

(Ville), le (Jour, mois et année)

Le Directeur général

À Monsieur le Directeur général de (Raison sociale)
(Ville)

N/Réf…
V/Réf…

Objet : Offre de renforcement de capacités

Monsieur le Directeur général,

Faisant suite à nos différents entretiens, j'ai l'avantage de vous adresser, ci-joint, des tableaux récapitulatifs de modules afférents à la formation professionnelle du capital humain de votre prestigieuse institution.

En effet, ces modules seront dispensés par des experts de haut niveau ayant une expérience et une expertise avérés dans leurs domaines, tant au niveau national qu'international.

Vous aurez remarqué que l'offre précitée ne comporte pas un volet financier. En réalité, nos honoraires sont réalistes et définis de manière consensuelle avec le client.

Aussi est-il important de préciser que certaines formations pourront se tenir à l'étranger, dans le cadre de la motivation du capital humain.

Restant à votre aimable attention pour toute information complémentaire, je vous prie d'agréer, **Monsieur le Directeur général**, l'assurance de ma considération distinguée.

(Signature)
(Prénom et nom du chef d'entreprise)

PJ. 1

(Raison sociale, forme juridique, capital social, numéro registre de commerce, NINEA, adresse, téléphone, fax, mail, etc.)

Location à usage commercial

(Entête de l'entreprise)

(Ville), le (Jour, mois et année)

Le Directeur général

À Monsieur le Directeur général de (Raison sociale)
(Ville)

N/Réf…
V/Réf…
Objet : Mise en location à usage commercial de l'immeuble sis à (Adresse à préciser)

Monsieur le Directeur général,

J'ai le plaisir de vous informer de la mise en location à usage commercial de l'immeuble rénové sis à (Préciser l'adresse).

Situé au cœur des activités commerciales de (Indiquer le lieu), l'immeuble abrite un grand local au rez-de-chaussée et magasins de stockage ainsi que des bureaux au premier étage.

Ainsi, le grand local au rez-de-chaussée se compose comme suit :

- ……… ;
- ……….

Les bureaux au premier étage comprennent :

- ……… ;
- ……….

Je vous invite, en conséquence, à bien vouloir effectuer une visite guidée des lieux, au jour et à l'heure de votre convenance.

Restant à votre entière disposition pour toute information complémentaire, je vous prie d'agréer, **Monsieur le Directeur général**, l'assurance de ma considération distinguée.

(Signature)
(Prénom et nom du chef d'entreprise)

(Raison sociale, forme juridique, capital social, numéro registre de commerce, NINEA, adresse, téléphone, fax, mail, etc.)

Transport routier VIP

(Entête de l'entreprise)

(Ville), le (Jour, mois et année)

Le Directeur général

À Monsieur (Prénom et nom)
Directeur général
de (Raison sociale)
(Ville)

N/Réf…
V/Réf…
Objet : Formules novatrices de transport routier VIP
(Indiquer le trajet)

Monsieur le Directeur général,

Il m'est agréable de vous informer de l'extension des activités de (Raison sociale en entier puis en abrégé), afin d'assurer un service continu et de meilleure qualité à la clientèle.

En vue du transfert des clients VIP de (Préciser le trajet), (Raison sociale en abrégé) met prochainement en circulation, des bus de dernière génération, dotés d'une climatisation et d'un internet haut débit.

Une hôtesse est chargée de l'accueil et du service de rafraîchissements à bord.

Relativement au client qui le désire, un véhicule 4x4, toutes options comprises, est mis à disposition, du lieu de travail ou domicile de ce dernier, pour assurer la liaison jusqu'à (Indiquer le lieu) et vice-versa.

Les différentes formules de transport et les tarifs figurent dans le prospectus joint au courrier.

Restant à votre entière disposition pour toute autre information, je vous assure, **Monsieur le Directeur général**, de ma considération distinguée.

(Signature)
(Prénom et nom du chef d'entreprise)

P.J. 1 prospectus

(Raison sociale, forme juridique, capital social, numéro registre de commerce, NINEA, adresse, téléphone, fax, mail, etc.)

Appel à concurrence

(Entête de l'entreprise)

(Ville), le (Jour, mois et année)

Le Directeur général

À Monsieur le Coordonnateur de (Raison sociale)
(Ville)

V/Réf…

N/Réf…

Objet : Soumission à l'appel d'offres n°… du (Jour, mois et année) relatif (Indiquer la nature des prestations)

Monsieur le Coordonnateur,

Faisant suite à l'appel d'offres visé en objet que vous avez bien voulu lancer, j'ai l'avantage de vous adresser mon offre, qui est constituée des documents suivants :

- le formulaire d'offre rempli, daté, signé et cacheté, conformément au modèle annexé au dossier d'appel d'offres (DAO) ;
- l'extrait de registre de commerce, les statuts, le quitus fiscal, la patente, l'attestation de non faillite et non liquidation judiciaire, la carte commerciale et l'assurance ;
- le devis estimatif et quantitatif ;
- la garantie de soumission, conformément au modèle annexé au dossier d'appel d'offres ;
- les pouvoirs habilitant (Prénom et nom du Directeur général) à agir au nom et pour le compte de la société ;
- les spécifications techniques essentielles des fournitures et services connexes proposés faisant clairement apparaître les différences ;
- l'attestation de garantie bancaire et les références justifiant notre expérience et notre sérieux dans l'exécution des marchés, les attestations de services faits ;
- la lettre d'engagement environnemental et social ;
- la copie du reçu d'achat du dossier ;

- la lettre d'acceptation de toutes les stipulations du cahier des clauses générales et du règlement des marchés passés avec le client ;
- l'acte d'engagement ;
- le cahier des clauses administratives particulières (CCAP) ;
- la clé USB.

Je vous prie d'agréer, **Monsieur le Coordonnateur**, l'assurance de ma considération distinguée.

(Signature)

(Prénom et nom du chef d'entreprise)

PJ. 20

(Raison sociale, forme juridique, capital social, numéro registre de commerce, NINEA, adresse, téléphone, fax, mail, etc.)

(Entête de l'entreprise)

(Ville), le (Jour, mois et année)

Le Directeur général

À Monsieur le Coordonnateur
de (Raison sociale)
(Ville)

V/Réf…
N/Réf…
Objet : Manifestation d'intérêt au projet (À compléter)
n°… du (Jour, mois et année)

Monsieur le Coordonnateur,

Faisant suite à l'avis que vous avez bien voulu faire paraître dans le Journal (Nom du Journal) du (Jour, mois et année), j'ai l'avantage de manifester un intérêt à fournir des prestations de qualité, en tant que Consultant, dans le cadre de la mission d'assistance à la maîtrise d'ouvrage relative à (À compléter).

En effet, je suis (Métier), spécialisé dans (À compléter). En outre, je capitalise une longue expérience professionnelle de (Nombre) ans dans les domaines précités.

Mes réalisations couvrent l'Afrique de l'Ouest et du Centre. Relativement à mon pays, j'ai accompli de nombreuses prestations, avec une entière satisfaction de dirigeants de structures publiques et parapubliques, ainsi qu'il ressort des attestations de bonne fin d'exécution annexées au présent courrier.

Dans l'exercice de mes activités, je m'appuis sur une équipe pluridisciplinaire, ayant une formation et une expérience avérées dans les domaines (À préciser).

Vous trouverez, ci-joint, les références de mes principaux collaborateurs.

Par ailleurs, (Raison sociale en entier puis en abrégé) est en règle à l'égard de la réglementation en vigueur du pays. À cet effet, j'ai le plaisir de vous adresser les documents suivants :

- registre de commerce ;
- patente ;
- quitus fiscal ;
- Numéro d'identification fiscale (NIF) ;
- carte nationale d'identité.

Restant à votre entière disposition pour toute autre information complémentaire, je vous prie d'agréer, **Monsieur le Coordonnateur**, l'assurance de ma considération distinguée.

(Signature)

(Prénom et nom du chef d'entreprise)

PJ. 16

(Raison sociale, forme juridique, capital social, numéro registre de commerce, NINEA, adresse, téléphone, fax, mail, etc.)

(Entête de l'entreprise)

(Ville), le (Jour, mois et année)

Le Directeur général

À Monsieur le Représentant
de (Raison sociale)
(Ville)

V/Réf…
N/Réf…

Objet : Demande d'informations sur l'attribution du marché
par appel d'offres n°… relatif à (Indiquer la nature des prestations)

Monsieur le Représentant,

Faisant suite à l'appel d'offres visé en objet que vous avez bien voulu lancer, je me permets de vous saisir, afin d'être édifié sur son issue, notamment en ce qui concerne l'attribution du marché.

En effet, j'ai constaté au moment de l'ouverture des plis, que ma société est le seul soumissionnaire pour la deuxième fois consécutive, après la relance de cet appel d'offres.

En outre, notre expérience avérée en la matière m'a conduit à prendre contact avec les principaux fabricants, en raison de la réduction sensible des stocks sur le quatrième trimestre de l'année.

Dans cette attente, je vous prie d'agréer, **Monsieur le Représentant**, l'assurance de ma considération distinguée.

(Signature)
(Prénom et nom du chef d'entreprise)

(Raison sociale, forme juridique, capital social, numéro registre de commerce, NINEA, adresse, téléphone, fax, mail, etc.)

(Entête de l'entreprise)

(Ville), le (Jour, mois et année)

Le Directeur général

À Monsieur le Représentant
de (Raison sociale)
(Ville)

V/Réf…
N/Réf…

Objet : Appel d'offres n°… relatif à (Indiquer la nature des prestations)
Informations sur le retard involontaire dans la livraison

Monsieur le Représentant,

Le (Jour, mois et année), le (Raison sociale en entier et en abrégé) a soumissionné à un marché, en vue de la livraison de (Préciser le nombre et la nature des articles), dans un délai de (Chiffres) jours.

Un retard indépendant de ma volonté est survenu dans la livraison des articles susvisés, à la date convenue.

En effet, la notification du marché a été faite à (Raison sociale en abrégé), le (Jour, mois et année), soit (Chiffres) mois après le lancement de l'appel d'offres.

Cette notification tardive est arrivée après l'expiration de la date de validité de la cotation du fabricant.

Face à cette situation, j'étais dans l'obligation d'acquérir les nouveaux modèles avec un manque à gagner considérable.

Pour des raisons commerciales et tenant compte de notre partenariat, j'ai décidé de vous livrer ces nouveaux modèles en supportant ce manque à gagner.

À cet égard, j'ai le plaisir de vous annoncer leur arrivée le (Jour, mois et année) à (Ville), ainsi qu'il ressort de l'information du consignataire.

En considération de ce qui précède, je vous remercie de bien vouloir reconsidérer l'application de pénalités prévues par le contrat de prestations de service.

Me félicitant de notre partenariat, je vous prie d'agréer, **Monsieur le Représentant,** l'assurance de ma considération distinguée.

(Signature)

(Prénom et nom du chef d'entreprise)

(Raison sociale, forme juridique, capital social, numéro registre de commerce, NINEA, adresse, téléphone, fax, mail, etc.)

(Entête de l'entreprise)

(Ville), le (Jour, mois et année)

Le Directeur général

À Monsieur le Coordonnateur
de (Raison sociale)
(Ville)

V/Réf…
N/Réf…

Objet : Observations sur votre notification de regret de ma soumission
Appel d'offres n°…

Monsieur le Coordonnateur,

J'ai l'avantage d'accuser réception de votre lettre en date du (Jour, mois et année), par laquelle vous exprimez des regrets par rapport à la non-retenue de mon offre portant sur la fourniture de (Préciser la nature des prestations) destinés à (Indiquer le bénéficiaire).

Cette lettre appelle de ma part des observations, tant sur la forme que sur le fond. Tout d'abord, j'ai soumissionné le (Jour, mois et année), conformément au cahier des charges. Mon représentant m'a signalé que seuls le montant des offres et les garanties bancaires ont été portés à la connaissance des soumissionnaires par la Commission, alors que d'autres pièces aussi importantes sont exigées par le cahier des charges susmentionné.

En effet, ce dernier s'impose aux soumissionnaires, à la Commission de dépouillement et à celle d'évaluation des offres.

Ensuite, la lettre précitée est laconique, en ce qu'elle n'indique pas la société retenue provisoirement et le montant de sa soumission.

Ces informations participent de la transparence dans la gestion d'un dossier d'appel d'offres, surtout pour un marché financé par une organisation internationale.

Ces observations préliminaires fondent ma conviction sur l'impérieuse nécessité pour le (Raison sociale de la structure de coordination) d'apporter aux soumissionnaires des informations fiables et complémentaires conformes au dossier d'appel d'offres.

À défaut, je me réserverai le droit de saisir les responsables de (Raison sociale de l'organisation internationale) chargés du suivi du financement.

Je vous assure, **Monsieur le Coordonnateur**, de ma considération distinguée.

(Signature)
(Prénom et nom du chef d'entreprise)

(Raison sociale, forme juridique, capital social, numéro registre de commerce, NINEA, adresse, téléphone, fax, mail, etc.)

(Entête de l'entreprise)

(Ville), le (Jour, mois et année)

Le Directeur général

À Monsieur (Prénom et nom)
Directeur général
de (Raison sociale)
(Adresse)
(Ville)

N/Réf...
V/Réf...

Objet : Mise en demeure

Monsieur le Directeur général,

À la suite de votre soumission en date du (Jour, mois et année) consécutive à une demande de renseignements et de prix, votre société a été retenue par la Commission des marchés, après dépouillement du (Jour, mois et année).

Mes services compétents m'ont signalé des manquements à vos obligations liées à :

- la non-livraison à bonne date des (Préciser la nature des articles) ;
- la livraison de (Préciser la nature des articles) de marque… au lieu de… ;
- la mauvaise qualité des (Préciser la nature des articles) livrés.

En effet, votre société n'a pas respecté le délai de (Nombre) heures relatif à la livraison, à compter de la réception du bon de commande, encore moins la qualité et la conformité des articles.

Je vous invite, en conséquence, à bien vouloir régulariser ladite livraison, dès réception de la présente.

Faute de quoi, je serais dans l'obligation de procéder à la résiliation du contrat de prestations de service, conformément à son article…

Dans cette attente, je vous prie d'agréer, **Monsieur le Directeur général**, l'assurance de ma considération distinguée.

(Signature)

(Prénom et nom du chef d'entreprise)

(Raison sociale, forme juridique, capital social, numéro registre de commerce, NINEA, adresse, téléphone, fax, mail, etc.)

Préavis

(Entête de l'entreprise)

(Ville), le (Jour, mois et année)

Le Directeur général

À Monsieur (Prénom et nom)
Directeur général
de (Raison sociale)
(Adresse)
(Ville)

N/Réf...
V/Réf...

Objet : Préavis

Monsieur le Directeur général,

Je voudrais rappeler à votre attention qu'en date du (Jour, mois et année), le (Raison sociale en entier et en abrégé) a signé avec (Raison sociale en entier et en abrégé de la partie contractante) un contrat ayant pour objet (Préciser la nature des prestations).

Votre rapport d'activités du (Jour, mois et année), au titre de la période du... au..., fait ressortir des manquements graves au niveau des prestations ci-dessous listées :

- ... ;
- ... ;
- ...

Non seulement ces manquements ont été reconnus par votre structure, mais les réponses apportées aux multiples interrogations n'ont pas emporté mon adhésion.

Cet état de fait cause un préjudice considérable à (Raison sociale en abrégé), qui espérait disposer de prestations de qualité.

En conséquence, je suis dans l'obligation, pour la sauvegarde des intérêts de la société, de rompre le contrat susvisé.

À cet égard, un préavis de (Indiquer la durée) mois, vous est donné, prenant effet le (Jour, mois et année), pour se terminer le (Jour, mois et année).

Je vous prie d'agréer, **Monsieur le Directeur général**, l'assurance de ma considération distinguée.

(Signature)

(Prénom et nom du chef d'entreprise)

(Raison sociale, forme juridique, capital social, numéro registre de commerce, NINEA, adresse, téléphone, fax, mail, etc.)

À son homologue

Félicitations

(Entête de l'entreprise)

(Ville), le (Jour, mois et année)

Le Directeur général

À Monsieur (Prénom et nom)
Directeur général
de (Raison sociale)
(Ville)

N/Réf…
V/Réf…

Objet : Félicitations

Monsieur le Directeur général,

C'est assurément avec un réel plaisir que j'ai appris votre nomination au poste de Directeur général du (Raison sociale en entier puis en abrégé).

Je voudrais vous adresser mes vives félicitations et vous exprimer mes encouragements.

En outre, je prie pour que Dieu, le tout puissant, guide vos actions, afin que vous puissiez mener à bien votre mission, dans l'intérêt de la République du (Pays) en général et de (Raison sociale en abrégé) en particulier.

Dans ce cadre, je voudrais rappeler la qualité des relations qui a toujours prévalu entre le (Raison sociale du signataire de la lettre) et le (Raison sociale du destinataire).

En vous souhaitant plein succès dans votre noble mission, je vous prie d'agréer, **Monsieur le Directeur général**, l'assurance de ma considération distinguée.

(Signature)
(Prénom et nom du chef d'entreprise)

(Raison sociale, forme juridique, capital social, numéro registre de commerce, NINEA, adresse, téléphone, fax, mail, etc.)

(Entête de l'entreprise)

(Ville), le (Jour, mois et année)

Le Directeur général

À Monsieur (Prénom et nom)
Directeur général
de (Raison sociale)
(Ville)

N/Réf…
V/Réf…

Objet : Félicitations

Monsieur le Directeur général,

Suite à votre nomination au prestigieux poste de Directeur général de (Raison sociale), je voudrais vous adresser mes vives félicitations et vous exprimer mes encouragements.

Je prie pour que Dieu, le tout puissant, dans sa miséricorde infinie, vous couvre de sa grâce et vous accompagne, afin que vous puissiez mener à bien votre mission, dans l'intérêt de (Raison sociale).

À cet égard, je vous assure de ma disponibilité constante à vous accompagner dans l'atteinte de vos objectifs à travers (Raison sociale en entier puis en abrégé), une société de droit (Pays) ayant comme activité principale (À compléter).

En vous souhaitant plein succès dans votre noble mission, je vous prie d'agréer, **Monsieur le Directeur général**, l'assurance de ma considération distinguée.

(Signature)

(Prénom et nom du chef d'entreprise)

(Raison sociale, forme juridique, capital social, numéro registre de commerce, NINEA, adresse, téléphone, fax, mail, etc.)

Accueil d'une délégation pour une réunion de travail

(Entête de l'entreprise)

(Ville), le (Jour, mois et année)

Le Directeur général

À Monsieur (Prénom et nom)
Directeur général
de (Raison sociale)
(Adresse)
(Ville)

N/Réf…

V/Réf…

Objet : Réunion de travail, (Jour) au (Jour, mois et année)

Monsieur le Directeur général,

J'ai l'avantage d'accuser réception de votre lettre en date du (Jour, mois et année), par laquelle vous comptez conduire une délégation du (Jour) au (Jour, mois et année) à (Ville), dans le cadre d'une réunion de travail.

C'est assurément avec un réel plaisir que je vous exprime ma disponibilité et celle de mes collaborateurs à accueillir votre délégation durant la période précitée.

Au demeurant, l'Amicale du Personnel de (Raison sociale en entier et en abrégé) organise, le (Jour, mois et année) à (Lieu), une soirée de gala dénommée « ... ».

Cette soirée humanitaire sera, entre autres, ponctuée par un dîner de gala dont les recettes seront versées à des œuvres sociales.

Le (Raison sociale en abrégé) serait hautement honoré de votre présence et de celle de vos collaborateurs, à cette importante manifestation.

Je vous prie d'agréer, **Monsieur le Directeur général**, l'assurance de ma considération distinguée.

(Signature)
(Prénom et nom du chef d'entreprise)

(Raison sociale, forme juridique, capital social, numéro registre de commerce, NINEA, adresse, téléphone, fax, mail, etc.)

Voyage d'une délégation pour une réunion de travail

(Entête de l'entreprise)

(Ville), le (Jour, mois et année)

Le Directeur général

À Monsieur (Prénom et nom)
Directeur général
de (Raison sociale)
(Adresse)
(Ville)

N/Réf...
V/Réf...

Objet : Remerciements/Confirmation date réunion de travail

Monsieur le Directeur général,

J'ai le plaisir d'accuser réception de votre lettre en date du (Jour, mois et année) visée en référence, par laquelle vous m'adressez des félicitations et vous en remercie bien sincèrement.

En outre, je marque mon accord pour la tenue de la prochaine réunion de travail, à la date du (Jour, mois et année) à (Chiffres) heures au (Lieu).

Ainsi, la délégation du (Raison sociale en entier et en abrégé) sera composée de :

- Monsieur (Prénom et nom), Directeur général ;
- Monsieur (Prénom et nom), (Fonction) ;
- Monsieur (Prénom et nom), (Fonction).

Je vous saurais gré des dispositions que vous voudrez bien faire prendre relativement à notre arrivée à l'Aéroport international de (Nom), le (Jour, mois et année) par vol (Indiquer les références) et aux réservations d'hôtel.

Vous réitérant mes remerciements, je vous prie d'agréer, **Monsieur le Directeur général**, l'assurance de ma considération distinguée.

(Signature)
(Prénom et nom du chef d'entreprise)

(Raison sociale, forme juridique, capital social, numéro registre de commerce, NINEA, adresse, téléphone, fax, mail, etc.)

Report d'une réunion d'évaluation d'un plan stratégique

(Entête de l'entreprise)

(Ville), le (Jour, mois et année)

Le Directeur général

À Monsieur le (Fonction)
de (Raison sociale)
(Adresse)
(Ville)

N/Réf…
V/Réf…

Objet : Proposition de report de la réunion d'évaluation du plan stratégique
1er bimestre (Année)

Monsieur le (Fonction)**,**

Le Conseil d'administration de (Raison sociale), réuni le (Jour, mois et année) à (Ville), a désigné le (Pays) pour abriter une réunion d'évaluation du plan stratégique.

Je me félicite de cette désignation qui honore une fois de plus le (Pays). À cet égard, je prendrai les dispositions idoines en vue d'une bonne réussite de cette importante manifestation sous-régionale.

À l'examen du procès-verbal issu de nos travaux, il ressort l'inscription d'actions à la charge des pays, dont l'exécution requiert le respect d'un délai raisonnable.

En outre, l'organisation d'ici le (Jour, mois et année) de la réunion précitée, risque d'alourdir le calendrier des activités, notamment la tenue de la prochaine Assemblée générale prévue à (Ville), dans le courant du mois (Mois et année).

Pour toutes les raisons ci-dessus citées, je vous suggère son report à (Ville), dans le premier bimestre (Année).

Je vous prie d'agréer, **Monsieur le** (Fonction), l'assurance de ma considération distinguée.

(Signature)

(Prénom et nom du chef d'entreprise)

(Raison sociale, forme juridique, capital social, numéro registre de commerce, NINEA, adresse, téléphone, fax, mail, etc.)

Inscription à un atelier

(Entête de l'entreprise)

(Ville), le (Jour, mois et année)

Le Directeur général

À Monsieur le Secrétaire général de (Raison sociale)
(Ville)

N/Réf…
V/Réf…

Objet : Inscription à l'atelier de (Raison sociale de la structure) (Jour) au (Jour, mois et année) à (Ville)

Monsieur le Secrétaire général,

Il m'est agréable d'accuser réception de votre lettre en date du (Jour, mois et année), par laquelle vous m'invitez à prendre part à l'atelier de (Raison sociale de la structure), prévu du (Jour) au (Jour, mois et année) à (Ville) et vous en remercie.

En réponse, je vous confirme par la présente, la participation de :

- Monsieur (Prénom et nom), (Fonction) ;
- Monsieur (Prénom et nom), (Fonction).

À cet égard, je vous saurais gré des dispositions que vous voudrez bien faire prendre concernant les inscriptions des participants dont copies jointes des passeports.

Aussi voudrais-je être édifié sur les hôtels (Nombre) étoiles proches du lieu du sommet.

Dans cette attente, je vous prie d'agréer, **Monsieur le Secrétaire général**, l'assurance de ma considération distinguée.

(Signature)
(Prénom et nom du chef d'entreprise)

P.J. 2

(Raison sociale, forme juridique, capital social, numéro registre de commerce, NINEA, adresse, téléphone, fax, mail, etc.)

Participation d'un cadre aux travaux d'un comité

(Entête de l'entreprise)

(Ville), le (Jour, mois et année)

Le Directeur général

À Monsieur le Directeur général
de (Raison sociale)
(Ville)

N/Réf…
V/Réf…

Objet : Participation du (Fonction) aux travaux
du Comité de préparation de la passation de service

Monsieur le Directeur général,

Au cours de la réunion du Conseil d'administration en date du (Jour, mois et année), les Administrateurs ont pris acte de ma démission au poste de Directeur général de (Raison sociale en entier puis en abrégé), pour des raisons de santé, à compter du (Jour, mois et année).

Vous trouverez ci-joint un extrait de la résolution.

Pour les besoins de l'élaboration du procès-verbal de passation de service, j'ai mis en place un Comité.

À cet effet, je vous remercie de bien vouloir autoriser Monsieur (Prénom et nom), (Fonction), assurant le secrétariat des réunions du Conseil d'administration et de l'Assemblée générale, à intégrer ce Comité.

Je vous assure, **Monsieur le Directeur général**, de ma considération distinguée.

(Signature)
(Prénom et nom du chef d'entreprise)

(Raison sociale, forme juridique, capital social, numéro registre de commerce, NINEA, adresse, téléphone, fax, mail, etc.)

Délivrance de badges d'accès à l'aéroport

(Entête de l'entreprise)

(Ville), le (Jour, mois et année)

Le Directeur général

À Monsieur le Directeur général
de (Raison sociale)
(Ville)

N/Réf…
V/Réf…

Objet : Demande de délivrance de badges d'accès à l'Aéroport international…
Accueil délégués à l'atelier sous-régional sur (Indiquer le thème central)
(Jour) au (Jour, mois et année) à (Ville)

Monsieur le Directeur général,

Le (Raison sociale en entier puis en abrégé) organise, du (Jour) au (Jour, mois et année) à (Ville), un atelier sous-régional sur (Indiquer le thème central).

Ainsi, le (Pays) accueillera les délégations de (Nombre) pays appartenant à l'espace francophone, anglophone et lusophone.

Pour les besoins de la réussite de cette importante manifestation, je vous remercie de bien vouloir autoriser la délivrance de deux badges à Messieurs (Prénom et nom) et (Prénom et nom), en vue de leur permettre d'accueillir les délégués au niveau de la zone de livraison des bagages.

À cet effet, je vous adresse, ci-joint, les copies légalisées des cartes nationales d'identité des intéressés.

Je vous prie d'agréer, **Monsieur le Directeur général**, l'assurance de ma considération distinguée.

(Signature)
(Prénom et nom du chef d'entreprise)

P.J. 2

(Raison sociale, forme juridique, capital social, numéro registre de commerce, NINEA, adresse, téléphone, fax, mail, etc.)

Parrainage et soutien d'une candidature à un poste électif

(Entête de l'entreprise)

(Ville), le (Jour, mois et année)

Le Directeur général

À Monsieur le (Fonction)
de (Raison sociale)
(Adresse)
(Ville)

N/Réf…
V/Réf…

Objet : Parrainage et dépôt de la candidature de (Prénom et nom), (Fonction) de (Raison sociale) au poste de (Poste à pourvoir)

Monsieur le (Fonction),

J'ai l'avantage de parrainer et de déposer la candidature de Monsieur (Prénom et nom), suite à l'avis de vacance de poste de (Poste à pourvoir), que vous avez bien voulu envoyer, par circulaire en date du (Jour, mois et année).

Monsieur (Nom de famille) occupe actuellement le poste de (Fonction) de (Raison sociale en entier et en abrégé) depuis (Année), après avoir été (Fonction antérieure), de (Année) à (Année).

Titulaire d'un diplôme de (Titre du diplôme) en (Année), il capitalise plus de (Nombre) ans d'expérience professionnelle dans le secteur (À préciser) en général et le domaine (À préciser) en particulier.

Outre ses capacités techniques et managériales, il a représenté le (Raison sociale) et participé activement, en qualité d'expert, à plusieurs réunions, sur le plan national, sous-régional et régional sur le (Secteur d'activité).

Vous trouverez ci-joint un curriculum vitae, les copies légalisées de diplômes, un extrait de naissance et un extrait de casier judiciaire datant de moins de trois mois du candidat.

Je vous assure, **Monsieur le** (Fonction), de ma considération distinguée.

(Signature)

(Prénom et nom du chef d'entreprise)

(Raison sociale, forme juridique, capital social, numéro registre de commerce, NINEA, adresse, téléphone, fax, mail, etc.)

(Entête de l'entreprise)

(Ville), le (Jour, mois et année)

Le Directeur général

À Monsieur le (Fonction)
de (Raison sociale)
(Adresse)
(Ville)

N/Réf…
V/Réf…

Objet : Parrainage et dépôt de la candidature
de (Prénom et nom), (Poste) sortant pour un second mandat

Monsieur le Monsieur le (Fonction),

J'ai l'honneur de parrainer et de déposer la candidature de Monsieur (Prénom et nom), suite à l'avis de vacance de poste de (Titre) que vous avez bien voulu me faire parvenir par lettre circulaire en date du (Jour, mois et année).

En effet, Monsieur (Nom de famille) est le (Poste) sortant. Il a engagé une ouverture de notre organisation à l'international, en plus des activités traditionnelles, dans l'intérêt du secteur en général et des membres en particulier. Dans ce cadre, il a participé activement aux négociations sur (À préciser)…

En outre, sous son mandat, en application du plan stratégique quinquennal, notre organisation a atteint les principaux résultats suivants :

- l'instauration d'une gouvernance d'entreprise et la résorption des déficits antérieurs ;
- l'adhésion à (À préciser), le (Jour, mois et année) ;
- la signature d'accords de coopération avec des organisations évoluant dans le secteur (À préciser) ;
- le renforcement de capacités des membres et du capital humain.

Ces différentes actions menées par le (Fonction) sortant lui ont valu de vives félicitations, par le biais de résolutions, à l'occasion des réunions des instances délibératives.

Fort de cette expérience et des résultats précités, sa reconduction pour un second mandat lui permettrait de finaliser les grands projets en cours, qui augurent d'une augmentation importante des recettes.

Vous trouverez en annexes, un curriculum vitae, une lettre de motivation, les copies légalisées de diplômes, un certificat médical, un extrait de naissance et un extrait de casier judiciaire datant de moins de trois mois du candidat à sa succession.

Je vous assure, **Monsieur le** (Fonction), de ma considération distinguée.

(Signature)

(Prénom et nom du chef d'entreprise)

P.J. 6

(Raison sociale, forme juridique, capital social, numéro registre de commerce, NINEA, adresse, téléphone, fax, mail, etc.)

(Entête de l'entreprise)

(Ville), le (Jour, mois et année)

Le Directeur général

À Monsieur (Prénom et nom)
Directeur général
de (Raison sociale)
(Ville)

N/Réf...
V/Réf...

Objet : Demande de soutien candidature
au poste de (Titre) de (Raison sociale) de Monsieur (Prénom et nom)

Monsieur le Directeur général,

J'ai le plaisir de vous informer que le (Raison sociale en entier et en abrégé) a parrainé et déposé la candidature de Monsieur (Prénom et nom), suite à l'avis de vacance de poste de (Titre) de (Raison sociale) en date du (Jour, mois et année).

Monsieur (Nom de famille) occupe actuellement le poste de (Fonction) de (Raison sociale en entier et en abrégé) depuis (Année), après avoir été (Fonction antérieure), de (Année) à (Année).

Titulaire d'un diplôme de (Titre du diplôme) en (Année), il capitalise plus de (Nombre) ans d'expérience professionnelle dans le secteur (À préciser) en général et le domaine (À préciser) en particulier.

Outre ses capacités techniques et managériales, il a représenté le (Raison sociale) et participé activement, en qualité d'expert, à plusieurs réunions, sur le plan national, sous-régional et régional sur le (Secteur d'activité).

Tenant compte de ce qui précède, je compte particulièrement sur votre soutien pour permettre l'élection de Monsieur (Prénom et nom), au poste de (Titre) de (Raison sociale), au cours de l'Assemblée générale prévue le (Jour, mois et année) à (Ville).

Je vous prie d'agréer, **Monsieur le Directeur général**, l'assurance de ma considération distinguée.

(Signature)
(Prénom et nom du chef d'entreprise)

(Raison sociale, forme juridique, capital social, numéro registre de commerce, NINEA, adresse, téléphone, fax, mail, etc.

Détachement d'un cadre

(Entête de l'entreprise)

(Ville), le (Jour, mois et année)

Le Directeur général

À Monsieur (Prénom et nom)
Directeur général
de (Raison sociale)
(Ville)

N/Réf…
V/Réf…

Objet : Proposition de détachement d'un cadre
en qualité de (Intitulé du poste)

Monsieur le Directeur général,

Le Conseil d'administration, réuni en sa séance du (jour, mois et année), a pris une résolution autorisant le détachement d'un cadre en qualité de (Intitulé du poste), pour une durée de deux (2) ans renouvelable une seule fois.

Conformément à cette résolution qui participe de la maîtrise des charges de fonctionnement, je vous propose le détachement de Monsieur (Prénom et nom), qui occupe actuellement le poste de (Intitulé).

Celui-ci est titulaire du diplôme de (À préciser) et capitalise une expérience de (Nombre d'années) ainsi qu'il ressort de son curriculum vitae en annexe.

Ainsi, son salaire et ses avantages en nature sont maintenus par son employeur. Toutefois, la couverture médicale et la dotation en carburant sont à la charge de la société auprès de laquelle il est détaché.

Je vous assure, **Monsieur le Directeur général**, de ma considération distinguée.

(Signature)
(Prénom et nom du chef d'entreprise)

P.J.
- Un extrait de résolution du (Jour, mois et année) ;
- Un curriculum vitae.

C.C. Président du Conseil d'administration

(Raison sociale, forme juridique, capital social, numéro registre de commerce, NINEA, adresse, téléphone, fax, mail, etc.)

(Entête de l'entreprise)

(Ville), le (Jour, mois et année)

Le Directeur général

À Monsieur (Prénom et nom)
Directeur général
de (Raison sociale)
(Ville)

N/Réf…
V/Réf…

Objet : Acceptation du détachement d'un cadre en qualité de (Intitulé du poste)

Monsieur le Directeur général,

Il m'est agréable de faire suite à votre lettre en date du (Jour, mois et année) visée en référence, par laquelle vous proposez le détachement de Monsieur (Prénom et nom) en qualité de (Intitulé du poste).

Après examen du dossier, je marque mon accord au détachement, à compter du (Jour, mois et année).

À cet effet, je vous adresse en annexe, un projet de protocole d'accord entre nos deux structures.

Me félicitant de notre partenariat productif, je vous assure, **Monsieur le Directeur général**, de ma considération distinguée.

(Signature)
(Prénom et nom du chef d'entreprise)

P.J. Un projet de protocole d'accord

C.C. Président du Conseil d'administration

(Raison sociale, forme juridique, capital social, numéro registre de commerce, NINEA, adresse, téléphone, fax, mail, etc.)

(Entête de l'entreprise)

(Ville), le (Jour, mois et année)

Le Directeur général

À Monsieur le Directeur général
de (Raison sociale)
(Ville)

N/Réf...
V/Réf...

Objet : Remplacement de Monsieur (Prénom et nom), (Fonction) en fin de détachement par un autre cadre de (Raison sociale)

Monsieur le Directeur général,

Le Conseil d'administration se félicite de la nouvelle dynamique au niveau de la Direction générale qui repose sur une vision déclinée par les Administrateurs.

Cette dynamique a permis aux Administrateurs d'avoir une meilleure visibilité sur la gestion et de donner les orientations idoines, en vue de faire de (Raison sociale en entier puis en abrégé), une entreprise performante et de référence au service de l'intégration africaine.

En effet, l'atteinte de ces objectifs passe inéluctablement, entre autres, par des ressources humaines performantes et un bon climat social.

C'est dans ce cadre que le Conseil d'administration a pris une résolution en date du (Jour, mois et année), donnant mandat au Directeur général de procéder au remplacement de Monsieur (Prénom et nom), agent en détachement, en qualité de (Fonction), pour les raisons ci-après :

- insubordination caractérisée ayant entraîné un climat social délétère ;
- absences régulières impactant sur le fonctionnement de la société.

Je vous saurais gré des dispositions que vous voudrez bien faire prendre, à l'effet de proposer un autre cadre répondant au profil du poste.

Dans cette attente, je vous prie de croire, **Monsieur le Directeur général**, à l'assurance de ma considération distinguée.

(Signature)
(Prénom et nom du chef d'entreprise)

(Raison sociale, forme juridique, capital social, numéro registre de commerce, NINEA, adresse, téléphone, fax, mail, etc.)

Condoléances

(Entête de l'entreprise)

(Ville), le (Jour, mois et année)

Le Directeur général

À Monsieur le (Fonction)
de (Raison sociale)
(Adresse)
(Ville)

N/Réf…
Objet : Condoléances

Monsieur le (Fonction),

C'est assurément avec une profonde tristesse que j'ai appris de l'étranger, le rappel à Dieu de votre (Épouse/Mère, etc.). Sa disparition constitue une perte incommensurable pour la famille.
Je ressens de loin la douleur qui vous habite en ce moment et m'y associe de tout cœur.

En cette circonstance, je voudrais vous présenter mes sincères condoléances, qui s'adressent également à la famille et à vos collaborateurs.

Face à la volonté divine, il nous revient de prier, pour que le Tout Puissant, dans Sa Miséricorde Infinie, accueille votre (Épouse/Mère, etc.) en Son Saint Paradis.

Je vous prie d'agréer, **Monsieur le** (Fonction), l'assurance de ma considération distinguée.

(Signature)
(Prénom et nom du chef d'entreprise)

(Raison sociale, forme juridique, capital social, numéro registre de commerce, NINEA, adresse, téléphone, fax, mail, etc.)

À l'avocat

Contentieux en matière sociale

(Entête de l'entreprise)

(Ville), le (Jour, mois et année)

Le Directeur général

À Maître (Prénom et nom)
Avocat à la Cour
(Adresse)
(Ville)

N/Réf…
V/Réf…

Objet : Affaire contre…

Maître,

Monsieur (Prénom et nom), ex-agent recruté dans le cadre d'un contrat de travail à durée déterminée, a fait servir au (Raison sociale en entier et en abrégé) une citation à comparaître devant le Tribunal du travail de (Indiquer la ville), en vue d'une tentative de conciliation.

Ci-joint, l'original de la citation à comparaître en date du (Jour, mois et année).

Je vous remercie de bien vouloir représenter le (Raison sociale en abrégé), à l'audience du (Jour, mois et année) et m'en tenir informé.

Vous souhaitant bonne réception de la présente, je vous assure, **Maître**, de ma considération distinguée.

(Signature)
(Prénom et nom du chef d'entreprise)

P.J. 1

(Raison sociale, forme juridique, capital social, numéro registre de commerce, NINEA, adresse, téléphone, fax, mail, etc.)

(Entête de l'entreprise)

(Ville), le (Jour, mois et année)

Le Directeur général

À Maître (Prénom et nom)
Avocat à la Cour
(Adresse)
(Ville)

N/Réf…
V/Réf…

Objet : Affaire contre…

Maître,

Faisant suite à nos échanges de correspondances dans l'affaire visée en objet, j'ai l'avantage de vous transmettre, ci-joint, une citation à comparaître devant le Président du Tribunal de travail de (Indiquer la ville), pour l'audience du (Jour, mois et année).

Je vous remercie de bien vouloir représenter le (Raison sociale en entier et en abrégé) à cette audience de conciliation et m'en tenir informé.

Dans cette attente, je vous assure, **Maître**, de ma considération distinguée.

(Signature)
(Prénom et nom du chef d'entreprise)

P.J. 1

(Raison sociale, forme juridique, capital social, numéro registre de commerce, NINEA, adresse, téléphone, fax, mail, etc.)

(Entête de l'entreprise)

(Ville), le (Jour, mois et année)

Le Directeur général

À Maître (Prénom et nom)
Avocat à la Cour
(Adresse)
(Ville)

N/Réf…
V/Réf…

Objet : Affaire contre…

Maître,

J'ai l'avantage d'accuser réception de votre lettre du (Jour, mois et année) dans l'affaire citée en objet et vous félicite du résultat que vous avez obtenu à l'audience du Tribunal de Travail de (Ville) du (Jour, mois et année).

Conformément au contrat d'assistance juridique et judiciaire, je vous adresse ci-joint un chèque (Raison sociale de la banque) numéro… de (Montant en lettres puis en chiffres) FCFA relatif au règlement du premier trimestre de vos honoraires.

Je vous assure, **Maître**, de ma considération distinguée.

(Signature)
(Prénom et nom du chef d'entreprise)

(Raison sociale, forme juridique, capital social, numéro registre de commerce, NINEA, adresse, téléphone, fax, mail, etc.)

(Entête de l'entreprise)

(Ville), le (Jour, mois et année)

Le Directeur général

À Maître (Prénom et nom)
Avocat à la Cour
(Adresse)
(Ville)

N/Réf…
V/Réf…

Objet : Affaire contre…

Maître,

Maître (Prénom et nom), huissier de justice, a signifié à (Raison sociale en entier et en abrégé), un procès-verbal de saisie vente en date du (Jour, mois et année), dont ci-joint une copie.

En exécution de l'arrêt de la Chambre sociale de la Cour d'appel de (Ville), j'ai instruit les services concernés, de procéder au paiement du principal et des frais de justice, d'un montant de (en lettres et en chiffres) FCFA.

Aussi, je vous constitue aux cotés de votre confrère Maître (Prénom et nom) et vous remercie de bien vouloir introduire un pourvoi en cassation.

Je vous assure, **Maître**, de ma considération distinguée.

(Signature)
(Prénom et nom du chef d'entreprise)

(Raison sociale, forme juridique, capital social, numéro registre de commerce, NINEA, adresse, téléphone, fax, mail, etc.)

(Entête de l'entreprise)

(Ville), le (Jour, mois et année)

Le Directeur général

À Maître (Prénom et nom)
Avocat à la Cour
(Adresse)
(Ville)

N/Réf…
V/Réf…

Objet : Affaire contre…

Maître,

J'ai l'avantage d'accuser réception de votre lettre en date du (Jour, mois et année), par laquelle vous m'informez de l'arrêt rendu le (Jour, mois et année) par la Cour d'appel de (Ville), dans l'affaire citée en objet.

À l'examen du dossier, il ressort que (Indiquer la raison sociale de la partie adverse) a été débouté devant le Tribunal de Grande instance de (Ville).

Je vous remercie, en conséquence, de bien vouloir user de toutes les voies de recours, notamment un pourvoi en cassation.

Comptant sur votre diligence habituelle, je vous assure, **Maître**, de ma considération distinguée.

(Signature)
(Prénom et nom du chef d'entreprise)

(Raison sociale, forme juridique, capital social, numéro registre de commerce, NINEA, adresse, téléphone, fax, mail, etc.)

(Entête de l'entreprise)

(Ville), le (Jour, mois et année)

Le Directeur général

À Maître (Prénom et nom)
Avocat à la Cour
(Adresse)
(Ville)

N/Réf…
V/Réf…

Objet : Affaire contre…

Maître,

Le Directeur général de (Raison sociale en entier et en abrégé) m'a transmis en date du (Jour, mois et année), un projet de protocole d'accord, dans le cadre d'un règlement à l'amiable du contentieux entre nos deux structures.

Après examen du projet précité dont l'original est joint, je vous remercie de le signer avec votre confrère et le faire homologuer par le Président du Tribunal.

Comptant sur votre diligence habituelle, je vous assure, **Maître**, de ma considération distinguée.

(Signature)
(Prénom et nom du chef d'entreprise)

(Raison sociale, forme juridique, capital social, numéro registre de commerce, NINEA, adresse, téléphone, fax, mail, etc.)

(Entête de l'entreprise)

(Ville), le (Jour, mois et année)

Le Directeur général

À Maître (Prénom et nom)
Avocat à la Cour
(Adresse)
(Ville)

N/Réf…
V/Réf…

Objet : Affaire contre…

Maître,

Votre confrère (prénom et nom) met le (Raison sociale en entier et en abrégé) en demeure de payer à Madame (Prénom et nom), Consultant, la somme de (Montant en lettres puis en chiffres) FCFA, en vertu d'un contrat en date du (Jour, mois et année) relatif à (Préciser la nature des prestations).

Vous trouverez ci-joint copies de la mise en demeure et dudit contrat.

Après examen du dossier, il ressort que le (Raison sociale en abrégé) reste lui devoir un reliquat de (Montant en lettres puis en chiffres) FCFA, dont le détail est annexé à la présente.

Tenant compte des engagements de l'institution, je propose l'apurement du reliquat en (nombre) mensualités égales et successives, à compter du (Jour, mois et année).

Je vous assure, **Maître**, de ma considération distinguée.

(Signature)
(Prénom et nom du chef d'entreprise)

(Raison sociale, forme juridique, capital social, numéro registre de commerce, NINEA, adresse, téléphone, fax, mail, etc.)

Requête aux fins d'ordonnance

(Entête de l'entreprise)

(Ville), le (Jour, mois et année)

Le Directeur général

À Maître (Prénom et nom)
Avocat à la Cour
(Adresse)
(Ville)

N/Réf…
V/Réf…

Objet : Requête au Président du Tribunal de Grande instance de (Ville)
Tenue en septembre (Indiquer l'année) de l'AGO

Maître,

Le Conseil d'administration de (Raison sociale en entier et en abrégé) a arrêté le 30 avril (Indiquer l'année) les comptes et le bilan de l'exercice clos le 31 décembre (Indiquer l'année), conformément aux dispositions de l'Acte uniforme de l'OHADA du 30 janvier 2014 relatif au droit des sociétés commerciales et du groupement d'intérêt économique.

Des raisons techniques empêchent la tenue de l'Assemblée générale ordinaire, au plus tard dans les six (6) mois qui suivent la clôture de l'exercice, soit le 30 juin (Indiquer l'année).

Je vous remercie, en conséquence, de bien vouloir introduire une requête auprès de la juridiction compétente, aux fins d'obtenir, par ordonnance, l'autorisation pour le (Raison sociale en abrégé) de tenir l'Assemblée générale précitée, au plus tard le 30 septembre (Indiquer l'année).

À cet effet, je vous adresse les documents ci-après :

- les statuts (ou le texte de création s'agissant d'un établissement public) ;
- les états financiers de l'exercice (Indiquer l'année).

Comptant sur votre diligence habituelle, je vous assure, **Maître**, de ma considération distinguée.

(Signature)

(Prénom et nom du chef d'entreprise)

C.C. Président du Conseil d'administration

(Raison sociale, forme juridique, capital social, numéro registre de commerce, NINEA, adresse, téléphone, fax, mail, etc.)

Au commissaire de Police pour une plainte

(Entête de l'entreprise)

(Ville), le (Jour, mois et année)

Le Directeur général

À Monsieur le Commissaire
de Police de (Indiquer la zone)
(Ville)

N/Réf...
Objet : Plainte contre X pour usurpation de nom et de fonction et diffamation

Monsieur le Commissaire,

J'ai l'avantage de déposer entre vos mains une plainte contre X pour usurpation de nom et de fonction, voire diffamation.

En effet, une personne malintentionnée a utilisé sur son compte (Indiquer le réseau social), mes prénom et nom ainsi qu'une ancienne photo, pour tenter d'arnaquer des citoyens.

Usurpant les fonctions de Directeur général de (Raison sociale en entier puis en abrégé), il entretient des conversations sur (Indiquer le réseau social), avec des agents de la société et use de manœuvres, afin de les amener à effectuer des transferts d'argent à (Préciser la ville), par le biais de (Préciser les canaux de paiements).

À titre illustratif, je vous adresse ci-joint, des conversations qui ont été tirées, suite à une capture d'écran.

Je ne suis ni concerné de près ou de loin dans cette affaire. Face à la gravité des faits et à l'outrecuidance de la personne, je compte sur votre sens élevé de la justice, afin que les dispositions pertinentes du Code pénal lui soient rigoureusement appliquées.

Dans cette attente, je vous prie d'agréer, **Monsieur le Commissaire,** l'assurance de ma considération distinguée.

(Signature)
(Prénom et nom du chef d'entreprise)

P.J. 5

(Raison sociale, forme juridique, capital social, numéro registre de commerce, NINEA, adresse, téléphone, fax, mail, etc.)

Au liquidateur et aux actionnaires dans la dissolution anticipée d'une société

Information au liquidateur

(Entête de l'entreprise)

(Ville), le (Jour, mois et année)

Le Directeur général

À Monsieur (Prénom et nom)
Directeur associé
Expert-comptable
(Adresse)
(Ville)

N/Réf…
V/Réf…

Objet : Désignation en qualité de liquidateur
dissolution anticipée de (Raison sociale)

Monsieur le Directeur,

L'Assemblée générale mixte de (Raison sociale en entier et en abrégé) tenue le (Jour, mois et année) à (Lieu) vous a désigné en qualité de liquidateur de la société, dont ci-joint, une copie du procès-verbal de la réunion.

Au terme des travaux, elle a approuvé les comptes des exercices (À préciser) et décidé de la dissolution anticipée de la société, du fait des pertes constatées dans les états financiers ayant entraîné des capitaux propres négatifs.

Ainsi, les actionnaires établis à l'étranger ont donné mandat au Directeur général de (Raison sociale), à l'effet d'être leur point focal auprès du liquidateur, dans le cadre des opérations de liquidation de la société dans les meilleurs délais et du paiement de vos honoraires.

Je vous prie d'agréer, **Monsieur le Directeur**, l'assurance de ma considération distinguée.

(Signature)
(Prénom et nom du chef d'entreprise)

PJ. 1
C.C. Actionnaires

(Raison sociale, forme juridique, capital social, numéro registre de commerce, NINEA, adresse, téléphone, fax, mail, etc.)

Relance du liquidateur sur les diligences

(Entête de l'entreprise)

(Ville), le (Jour, mois et année)

Le Directeur général

À Monsieur (Prénom et nom)
Directeur associé
Expert-comptable
(Adresse)
(Ville)

N/Réf…
V/Réf…

Objet : Liquidation de (Raison sociale)

Monsieur le Directeur,

Par lettre en date du (Jour, mois et année) visée en référence, je vous ai informé de votre désignation en qualité de liquidateur, par l'Assemblée générale mixte de (Raison sociale en entier et en abrégé), tenue le (Jour, mois et année) à (Lieu).

Je vous remercie de bien vouloir m'édifier sur l'état d'avancement de vos diligences et me faire parvenir les avis parus dans les journaux.

En effet, les actionnaires souhaitent que les opérations soient clôturées dans les meilleurs délais.

Dans cette attente, je vous prie d'agréer, **Monsieur le Directeur**, l'assurance de ma considération distinguée.

(Signature)
(Prénom et nom du chef d'entreprise)

C.C. Actionnaires

(Raison sociale, forme juridique, capital social, numéro registre de commerce, NINEA, adresse, téléphone, fax, mail, etc.)

Information aux mandants en tant qu'actionnaires

(Entête de l'entreprise)

(Ville), le (Jour, mois et année)

Le Directeur général

À Monsieur (Prénom et nom)
Directeur général
de (Raison sociale)
(Ville)

N/Réf…

V/Réf…

Objet : Clôture de la liquidation de (Raison sociale)

Monsieur le Directeur général,

Dans le cadre du mandat que vous avez bien voulu me confier en tant qu'actionnaire, je vous rends compte des résultats de l'Assemblée générale ordinaire de (Raison sociale) tenue le (Jour, mois et année) dans les locaux de Monsieur (Prénom et nom), en sa qualité de liquidateur, sur l'ordre du jour suivant :

- examen et adoption du rapport du liquidateur ;
- clôture des opérations de liquidation.

Dans un premier temps, les actionnaires ont approuvé le rapport du liquidateur, après des débats houleux sur la mauvaise gouvernance de la société.

Dans un second temps, ils ont prononcé la clôture de la liquidation et donné quitus de gestion au liquidateur, après paiement des honoraires à hauteur de (Montant en lettres et en chiffres).

Vous trouverez en annexe, une copie du procès-verbal de l'Assemblée générale précitée.

Il reste au liquidateur à finaliser les formalités idoines par la saisine du juge compétent.

Vous remerciant de votre confiance, je vous assure, **Monsieur le Directeur général**, de ma considération distinguée.

(Signature)

(Prénom et nom du chef d'entreprise)

(Raison sociale, forme juridique, capital social, numéro registre de commerce, NINEA, adresse, téléphone, fax, mail, etc.)

DEUXIÈME PARTIE

SPÉCIFICITÉS DE CERTAINS ÉCRITS PROFESSIONNELS

CHAPITRE 1

LA PRÉDOMINANCE DE L'E-MAIL EN RÉDACTION PROFESSIONNELLE

L'essor du commerce électronique et l'absence d'une structure juridique ont amené la Commission des Nations unies pour le droit commercial international (CNUDCI)[37] à adopter une loi-type du 12 juin 1996. Cette dernière établit des règles pour définir, entre autres, l'équivalent d'un document écrit, l'admissibilité et la valeur de preuve des messages électroniques, tel que l'e-mail.[38]

---

[37] La CNUDCI est le principal organe juridique du système des Nations unies dans le domaine du droit commercial international. Instituée en 1966, elle vise à moderniser et à harmoniser les règles du commerce international, entre autres, sous la forme de conventions, lois-types, guides et recommandations juridiques, de séminaires régionaux et nationaux. Sise à Vienne (Autriche), elle comprend 60 États membres élus par l'Assemblée générale des Nations unies selon une répartition géographique qui prend en compte les systèmes économiques et juridiques.

[38] La loi-type de 1996 a été le premier texte élaboré dans le cadre de la facilitation du commerce électronique. Par définition, une loi-type est un modèle de texte proposé aux États aux fins d'examen et d'incorporation éventuelle dans le droit interne. Eu égard à la nature de cet instrument, l'objectif était de proposer aux États un ensemble de dispositions juridiques élaborées au niveau international, en vue d'éliminer les principaux obstacles au développement du commerce électronique. Cette loi-type connaît un large succès dans la mesure où elle a servi de modèle à de nombreux pays. Par la suite, d'autres organisations internationales sont intervenues, chacune dans son domaine de compétence, telles que l'OCDE (Organisation de coopération et de développement économiques), l'OMC (Organisation mondiale du commerce) et la

Le courrier électronique, courriel, e-mail ou mail est « un service de transmission de messages écrits et de documents envoyés électroniquement via le réseau internet dans la boîte aux lettres électronique d'un destinataire choisi par l'émetteur ».

Force est de constater que l'e-mail est désormais l'outil principal de communication, car il est installé dans notre quotidien et occupe une place prépondérante dans le milieu professionnel.

« Victime de son succès », il est souvent mal utilisé, parce qu'il a son style, ses formules et ses codes.[39]

La question est de savoir la valeur juridique d'un e-mail échangé au travail avec sa hiérarchie, entre collègues ou avec un partenaire.

Section 1

Un formalisme simplifié

Un mail est composé de cinq éléments clés, à savoir, l'objet, la formule d'appel, le contenu, la formule de politesse et la signature.

1. **L'objet** est un élément indispensable, car il est la première ligne que le destinataire va lire dans sa messagerie. Par conséquent, il doit être concis et précis. De sa rédaction, dépendra la lecture ou non du contenu de l'e-mail par le destinataire, d'autant que ce dernier peut recevoir plusieurs e-mails par jour.

Exemples

Soumission à l'appel d'offres référencé...

Compte rendu de la réunion du...

Date prochaine de la réunion d'évaluation...

Candidature au poste de...

Invitation à la cérémonie...

CNUCED (Conférence des Nations unies sur le commerce et le développement).

[39] - AZOULAY-BISMUTH (S.), *Être un pro de l'e-mail*, éditions Eyrolles, 2018.

- FAYET (M.), *Modèles types de lettres et courriers électroniques*, éditions Eyrolles, 2015.

Si l'auteur juge l'e-mail urgent, il peut débuter l'objet par la mention « *Urgent* ». Toutefois, un usage abusif de cette pratique pourrait écorner le contenu du message.

2. **La formule d'appel** « permet la prise de contact avec le destinataire ». Nul ne doit se soustraire de l'obligation d'introduire un e-mail par une formule d'appel : « *Bonjour Monsieur* », « *Bonjour Madame* », « *Bonjour chers collègues* » ou « *Bonjour chers collaborateurs* ». Celle-ci contribue à l'identification du destinataire.

En effet, la question relative à l'identification de l'émetteur et du destinataire d'un message est essentielle en cas de litige.

3. **Le contenu** ne doit pas être trop long, parce qu'un e-mail est « plus direct » qu'une lettre. Il est conseillé d'organiser son contenu « en paragraphes qui correspondent chacun à une idée ou un thème différent ». La première phrase peut emprunter les formules de rédaction usuelle d'une lettre.

Exemples

J'accuse réception de votre mail…	*Je vous remercie…*
Faisant suite à votre mail…	*J'ai l'honneur de…*
Suite à notre entretien téléphonique…	*Je sollicite auprès de votre haute bienveillance…*
J'ai le plaisir de…	*Je me permets de vous informer…*
J'ai l'avantage de…	*Je vous saurais gré*

Le caractère moins formel de l'e-mail ne signifie pas qu'il faille utiliser des abréviations, négliger les fautes d'orthographe et grammaticales ou mettre tout le contenu en lettres majuscules.

4. **La formule de politesse** est succincte. L'adage « Il faut bien terminer » trouve la plénitude de son sens dans la formule de politesse d'un message sur papier ou sur support électronique. C'est la raison pour laquelle la fin d'un e-mail est aussi importante que son début.

Ainsi, la formule de politesse permet de « préparer les échanges futurs et laisser une bonne impression ». Dès lors, il est fondamental pour l'émetteur d'employer un langage adapté, au risque de froisser le destinataire, perdre un marché, etc.

Exemples
Très cordialement
Bien cordialement
Cordialement
Respectueusement

En outre, l'e-mail peut être destiné au Directeur général ou à un collègue.

Exemples
Sentiments respectueux et dévoués
Très cordialement
Cordiales salutations
Respectueuse considération

Si l'e-mail est adressé à un Directeur général ou à une autre personnalité, il est loisible à l'émetteur d'employer la formule d'usage dans une lettre.

5. **La signature** doit être « soignée et précise ». Elle contient, au moins, les prénom et nom de l'auteur de l'e-mail, sa fonction, ses contacts et le site de l'entreprise.

Section 2

Une preuve littérale

En France, la prépondérance de l'e-mail a rendu nécessaire une réforme en 2000 du droit de la preuve, qui était à l'origine organisé autour de l'écrit sur un support papier. En effet, il est apparu utile d'adapter les conditions de validité des modes de preuve classiques aux spécificités de l'écrit électronique.[40]

---

[40] Loi n° 2000-230 du 13 mars 2000 portant adaptation du droit de la preuve aux technologies de l'information et relative à la signature électronique, *in* legifrance.gouv.fr

Ainsi, l'e-mail est considéré comme fiable dès lors qu'il remplit les conditions ci-après :

- l'identification de l'émetteur du message par le biais d'une signature électronique ;
- la conservation du message, afin de garantir son intégrité.

I. L'identification de l'auteur du message

Les experts en informatique rassurent que l'identité du signataire peut être certifiée par un code secret et/ou par l'adresse IP de l'ordinateur. D'ailleurs, certaines entreprises sont en mesure de délivrer un numéro d'identification réputé inviolable.

Toutefois, « des doutes » subsistent « sur l'identité de l'auteur du message électronique… en raison des risques d'erreur et de fraude auxquels l'on s'expose à l'occasion de l'utilisation de l'outil informatique ».[41]

La mise en œuvre de cette condition suppose que l'entreprise soit dotée d'un système informatique à la pointe, étant entendu que la sécurité à 100 % n'existe pas. Cette sécurité n'est pas garantie dans une entreprise où un agent du service informatique peut accéder aux données des utilisateurs.

Il s'agit d'un dysfonctionnement pouvant conduire l'agent à prendre connaissance des informations confidentielles à tous les niveaux de responsabilité. Ce dernier pourrait être tenté, en cas de désaccord avec un utilisateur, de lui attribuer un message préfabriqué. Dans ce cas, l'émetteur apparent est exposé à une sanction disciplinaire, voire des poursuites judiciaires, alors que l'émetteur réel a profité d'une faille du système informatique.

C'est la raison pour laquelle un audit régulier des systèmes d'information est fortement recommandé, afin d'inciter l'entreprise à renforcer sa protection contre les menaces externes et internes.

Ces menaces ont probablement déterminé la Communauté économique des États de l'Afrique de l'Ouest (CEDEAO)[42] à mettre en

---

[41] OUATTARA (A.), *La preuve électronique. Étude de droit comparé Afrique, Europe, Amérique*, P.U.A.M., 2011.

[42] La CEDEAO est une organisation intergouvernementale destinée à coordonner les actions des pays de l'Afrique de l'Ouest. Instituée en 1975, elle est basée à Abuja

place, à compter de février 2010, un cadre communautaire adapté à l'environnement des transactions électroniques.

Il s'agit des instruments juridiques suivants :

- l'Acte additionnel sur les transactions électroniques[43] ;
- l'Acte additionnel sur la protection de données[44] ;
- la Directive sur la criminalité[45].

Plusieurs pays ont transposé ces instruments juridiques dans leurs législations nationales, notamment le Burkina Faso,[46] la Côte d'Ivoire[47] et le Sénégal[48].

Ainsi, la reconnaissance juridique de l'écrit électronique et de la signature électronique par le cadre normatif communautaire a permis de prendre en charge le problème lié à la preuve électronique.

C'est ainsi que l'article 30 de l'Acte additionnel sur les transactions électroniques dispose que : « L'écrit sous forme électronique est admis en preuve au même titre que l'écrit sur support papier et a la même force probante que celui-ci, sous réserve que puisse être dûment identifiée la personne dont il émane et qu'il soit établi et conservé dans des conditions de nature à garantir l'intégrité ». Cette disposition tire son inspiration de la loi française de 2000 précitée.

(Nigéria). Elle est composée de 15 États membres, à savoir : Bénin, Burkina Faso, Cap-Vert, Côte d'Ivoire, Gambie, Ghana, Guinée, Guinée-Bissau, Libéria, Mali, Niger, Nigéria, Sierra Leone, Sénégal et Togo.

[43] Acte Additionnel A/SA.2/01/10 du 16 février 2010 portant transactions électroniques dans l'espace de la CEDEAO.

[44] Acte additionnel A/SA.1/01/10 du 16 février 2010 relatif à la protection des données à caractère personnel dans l'espace de la CEDEAO.

[45] Directive C/DIR/1/08/11 du 19 août 2011 portant lutte contre la cybercriminalité dans l'espace de la CEDEAO.

[46] Loi n° 045-2009/AN du 10 novembre 2009 portant réglementation des services et des transactions électroniques au Burkina Faso.

[47] Loi n° 2013-546 du 30 juillet 2013 relative aux transactions électroniques en Côte d'Ivoire.

[48] - Loi n° 2008-08 du 25 janvier 2008 sur les transactions numériques au Sénégal.

- Loi n° 2008-11 du 25 janvier 2008 sur la cybercriminalité.

- Loi n° 2008-12 du 25 janvier 2008 sur la protection des données à caractère personnel.

- Loi n° 2008-41 du 20 août 2008 sur la cryptologie.

En décembre 2010, le droit OHADA[49] règle la question de la validité des documents électroniques et des signatures électroniques, dans le cadre de l'informatisation du registre du commerce et du crédit mobilier.[50] Il pose des règles quasi similaires à celles du législateur français.

II. La conservation du message

Relativement à la conservation du message, la preuve doit être apportée que le document n'a pas fait l'objet de modification entre le moment de sa rédaction et celui de sa consultation.

Les experts en informatique expliquent que la garantie de l'intégrité du message est généralement assurée par la procédure du « double clic », qui interdit toute modification après le deuxième clic. En cas de litige, il appartient au juge de vérifier que le message n'a pas été falsifié.

---

[49] Acte uniforme révisé de l'OHADA du 15 décembre 2010 portant sur le droit commercial général.

[50] Les États membres de l'OHADA ont poursuivi la matérialisation de leur volonté de s'inscrire dans l'ère du numérique à travers l'instauration de la visioconférence dans les réunions des instances délibérantes des sociétés anonymes avec Conseil d'administration (Acte uniforme révisé de l'OHADA du 30 janvier 2014 relatif au droit des sociétés commerciales et du groupement d'intérêt économique) ; cf. note 58 supra. Face à ces avancées, les acteurs nationaux du droit des affaires attendent de tous leurs vœux l'élaboration d'un Acte uniforme relatif aux transactions électroniques. À cet égard, il apparaît utile, voire important, que cet Acte uniforme traite des questions relatives à la responsabilité des fournisseurs de services en ligne, à la sécurité des échanges électroniques, à la protection du consommateur et des données à caractère personnel, à la preuve électronique, à la coexistence/hiérarchie des normes avec celles des législations communautaires, etc.

Centre Trainmar de Dakar
Université Maritime & Logistique
ANAM
FILIERES
• BTS (02 ans) Logistique Transport
• DTS (02 ans) Accès BAC Transport & Logistique portuaire
• Licence (1,2,3) Logistique & Transport
• Licence 3 Commerce Développement Logistique Internationale
• Master Management Portuaire & Maritime
• Master Ingénierie de la Chaine Logistique / Logistique Transport
• Master 2 Droit et sécurité des activités Maritimes & Océaniques
Nouvelles offres de formation
Accès BAC +3 avec une expérience professionnelle ou ingénieur
• Master Manager en Ingénierie de la Maintenance
Accès BAC +4
• Master Logistique Minière (Pétrole, Gaz ...)
Des certifications Professionnelles
• Transport Logistique
• Travaux d'Ouvrages Maritimes
• Maintenance Industrielle
• Logistique Hospitalière
• Tarification Maritime
• Transit
UN e-SEA
CAMPUS
le cnam itip
NEOTECH AFRIQUE
INSA
INSA
dB Vib
Avenue Malick Sy Immeuble
+221 33 822 51 20
secretariat@trainmar.sn

CHAPITRE 2

LES DOCUMENTS D'INJONCTION ET D'INFORMATION

Section 1

Les documents d'injonction

L'examen des documents d'injonction est axé sur la décision, la note de service et l'ordre de mission.

I. La décision

À l'instar de l'autorité administrative (ministre, préfet, maire, etc.), le chef d'entreprise investi d'une mission de service public ou d'intérêt général (établissement public) prend des actes administratifs tels que les décisions. Celles-ci sont des actes administratifs unilatéraux empruntés au droit administratif.[51]

---

[51] « *Le droit administratif est une branche du droit public qui régit, pour l'essentiel, les rapports entre l'administration et les particuliers/administrés.* » Il est un droit principalement jurisprudentiel.

- BOCKEL (A.), *Droit administratif*, Nouvelles Éditions Africaines, 1978.

Il existe une variété de décisions, surtout en matière de gestion du capital humain.

Leur décomposition habituelle est en deux parties, à savoir :

- les personnes habilitées à prendre la décision et les visas regroupant les textes concernés ;
- la décision proprement dite.

Modèles de décisions dans une entreprise parapublique

(Entête de l'entreprise)

(Référence)

(Ville), le (Jour, mois et année)

ANALYSE : Décision portant engagement définitif d'un juriste

Le Directeur général de (Raison sociale en entier) :

Vu la Constitution ;

(Viser les textes législatifs et réglementaires relatifs à l'organisation et au fonctionnement de l'entreprise) ;

Vu *(Viser la convention collective relative à la branche d'activité ou l'Accord d'établissement)* ;

Vu la demande de l'intéressée ;

Vu les nécessités de service ;

Décide :

Article premier :

Madame (Prénom et nom), née le (Jour, mois et année) à (Lieu), est embauchée au (Raison sociale en entier), en qualité de juriste.

Article 2 :

Conformément à *(la Convention collective.../l'Accord d'établissement)*, Madame (Prénom et nom) est classée à la catégorie...

À ce titre, elle percevra un salaire brut de (En lettres puis en chiffres).

- GAUTRON (J.-C.) et ROUGEVIN-BAVILLE (M.), *Droit public du Sénégal*, éditions A. PEDONE, 1977.

Article 3 :

Le Directeur du Capital humain et l'Agent comptable sont chargés, chacun en ce qui le concerne, de l'exécution de la présente décision.

(Signature)

(Prénom, nom et qualité)

Destinataire : intéressée

Ampliations :

- Directeur du Capital humain ;
- Agent comptable.

(Raison sociale, forme juridique, capital social, numéro registre de commerce, NINEA, adresse, téléphone, fax, mail, etc.)

(Entête de l'entreprise)

(Référence)

(Ville), le (Jour, mois et année)

ANALYSE : Décision accordant des congés annuels
à Monsieur (Prénom et nom), matricule…

Le Directeur général de (Raison sociale en entier) :

Vu la Constitution ;

(Viser les textes législatifs et réglementaires relatifs à l'organisation et au fonctionnement de l'entreprise) ;

Vu *(Viser la convention collective relative à la branche d'activité ou l'Accord d'établissement)* ;

Vu la demande de l'intéressé ;

Vu les nécessités de service ;

Décide :

Article premier :

Des congés de (…) jours ouvrables sont accordés, à compter du (Jour, mois et année) à Monsieur (Prénom et nom), matricule…, pour services effectués du (Indiquer la période de référence).

Article 2 :

Monsieur (Prénom et nom) bénéficiera de (...) jours supplémentaires, conformément à la réglementation en vigueur, pour avoir effectué plus de (…) ans de service.

Article 3 :

Monsieur (Prénom et nom) percevra des indemnités de congés calculées sur la base de 1/12es des sommes perçues durant la période de référence visée à l'article premier.

Article 4 :

Monsieur (Prénom et nom) reprendra service le (Jour, mois et année).

Article 5 :

Le Directeur du Capital humain et l'Agent comptable sont chargés, chacun en ce qui le concerne, de l'exécution de la présente décision.

(Signature)

(Prénom, nom et qualité)

Destinataire : intéressé

Ampliations :

- Directeur du Capital humain ;
- Agent comptable.

(Raison sociale, forme juridique, capital social, numéro registre de commerce, NINEA, adresse, téléphone, fax, mail, etc.)

(Entête de l'entreprise)
(Référence)

(Ville), le (Jour, mois et année)

ANALYSE : Décision portant reclassement d'un agent

Le Directeur général de (Raison sociale en entier) :

Vu la Constitution ;

(Viser les textes législatifs et réglementaires relatifs à l'organisation et au fonctionnement de l'entreprise) ;

Vu *(Viser la convention collective relative à la branche d'activité ou l'Accord d'établissement)* ;

Vu le rapport de la Commission de reclassement en date du (Jour, mois et année) ;

Vu la notification budgétaire en date du (Jour, mois et année) ;

Décide :

Article premier :

Monsieur (Prénom et nom), matricule…, précédemment classé à la catégorie…, est reclassé à la catégorie… de *(la Convention collective…/l'Accord d'établissement).*

Article 2 :

Le présent reclassement prend effet à compter du (Jour, mois et année).

Article 3 :

Le Directeur du Capital humain et l'Agent comptable sont chargés, chacun en ce qui le concerne, de l'exécution de la présente décision.

(Signature)
(Prénom, nom et qualité)

Destinataire : intéressé

Ampliations :

- Directeur du Capital humain ;
- Agent comptable.

(Raison sociale, forme juridique, capital social, numéro registre de commerce, NINEA, adresse, téléphone, fax, mail, etc.)

(Entête de l'entreprise)

(Référence)

(Ville), le (Jour, mois et année)

ANALYSE : Décision portant mise à disposition d'un Chef de service financier

Le Directeur général de (Raison sociale en entier) :

Vu la Constitution ;

(Viser les textes législatifs et réglementaires relatifs à l'organisation et au fonctionnement de l'entreprise) ;

Vu *(Viser la convention collective relative à la branche d'activité ou l'Accord d'établissement)* ;

Vu le protocole d'accord en date du (Jour, mois et année) ;

Vu les nécessités de service ;

Décide :

Article premier :

Monsieur (Prénom et nom), matricule…, précédemment Chef de service financier, est mis à la disposition de (Raison sociale en entier et en abrégé), pour une durée de (nombre) ans, renouvelable.

Article 2 :

Le (Raison sociale) prend en charge intégralement la rémunération, les primes et les avantages de Monsieur (Prénom et nom), conformément au protocole d'accord en date du (Jour, mois et année) relatif à un appui technique.

Article 3 :

Le Directeur du Capital humain et l'Agent comptable sont chargés, chacun en ce qui le concerne, de l'exécution de la présente décision, qui prend effet à compter de sa date de signature.

(Signature)

(Prénom et nom du Directeur général)

Destinataire : intéressé

Ampliations :

- Directeur du Capital humain ;
- Agent comptable.

(Raison sociale, forme juridique, capital social, numéro registre de commerce, NINEA, adresse, téléphone, fax, mail, etc.)

(Entête de l'entreprise)
(Référence)

(Ville), le (Jour, mois et année)

ANALYSE : Décision mettant fin à la mise à disposition de Monsieur (Prénom et nom), matricule…

Le Directeur général de (Raison sociale en entier) :

Vu la Constitution ;

(Viser les textes législatifs et réglementaires relatifs à l'organisation et au fonctionnement de l'entreprise) ;

Vu *(Viser la convention collective relative à la branche d'activité ou l'Accord d'établissement)* ;

Vu le protocole d'accord en date du (Jour, mois et année) ;

Vu les nécessités de service ;

Décide :

Article premier *:*

Il est mis fin à la mise à disposition de Monsieur (Prénom et nom), matricule…, auprès de (Raison sociale en entier et en abrégé), à compter du (Jour, mois et année).

Article 2 :

Conformément au protocole d'accord en date du (Jour, mois et année), les frais de transport par avion, en classe économique, de Monsieur (Prénom et nom), de son épouse et de ses enfants mineurs résidant dans le pays du lieu de détachement ainsi que leurs bagages, sont à la charge de (À préciser) au moment de la cessation de service.

Article 3 :

Le Directeur du Capital humain et l'Agent comptable sont chargés, chacun en ce qui le concerne, de l'exécution de la présente décision.

(Signature)
(Prénom, nom et qualité)

Destinataire : intéressé

Ampliations :

- Directeur du Capital humain ;
- Agent comptable.

(Raison sociale, forme juridique, capital social, numéro registre de commerce, NINEA, adresse, téléphone, fax, mail, etc.)

(Entête de l'entreprise)

(Référence)

(Ville), le (Jour, mois et année)

ANALYSE : Décision accordant une disponibilité
à Madame (Prénom et nom), matricule…

Le Directeur général de (Raison sociale en entier) :

Vu la Constitution ;

(Viser les textes législatifs et réglementaires relatifs à l'organisation et au fonctionnement de l'entreprise) ;

Vu *(Viser la convention collective relative à la branche d'activité ou l'Accord d'établissement)* ;

Vu la demande de l'intéressée en date du (Jour, mois et année) ;

Décide :

Article premier :

Madame (Prénom et nom), matricule…, embauchée suivant décision n°… en date du (Jour, mois et année), bénéficie d'une disponibilité de (…) ans, à compter du (Jour, mois et année).

Article 2 :

Durant la période de suspension du contrat de travail visé à l'article premier, aucune rémunération, de quelque nature que ce soit, ne sera versée à Madame (Prénom et nom).

Article 3 :

Madame (Prénom et nom) percevra des indemnités de congés calculées sur la base des 1/12es des sommes perçues.

Article 4 :

Conformément aux engagements qu'elle a souscrits, Madame (Prénom et nom) versera mensuellement et de manière irrévocable à (Raison sociale en entier et en abrégé), la somme de (En lettres puis en chiffres), au titre du remboursement du prêt, en principal, de (En lettres et en chiffres).

Article 5 :

Le Directeur du Capital humain et l'Agent comptable sont chargés, chacun en ce qui le concerne, de l'exécution de la présente décision, qui prend effet à compter de sa date de signature.

(Signature)
(Prénom et nom du Directeur général)

Destinataire : intéressée

Ampliations :

- Directeur du Capital humain ;
- Agent comptable.

(Raison sociale, forme juridique, capital social, numéro registre de commerce, NINEA, adresse, téléphone, fax, mail, etc.)

Entête de l'entreprise)
(Référence)

(Ville), le (Jour, mois et année)

ANALYSE : Décision autorisant l'achat de verres correcteurs
à Monsieur (Prénom et nom), matricule…

Le Directeur général de (Raison sociale en entier) :

Vu la Constitution ;
(Viser les textes législatifs et réglementaires relatifs à l'organisation et au fonctionnement de l'entreprise) ;
Vu *(Viser la convention collective relative à la branche d'activité ou l'Accord d'établissement)* ;
Vu la demande de l'intéressé en date du (Jour, mois et année) ;

Décide :

Article premier :

Il est autorisé l'achat de verres correcteurs, d'un montant de (En lettres puis en chiffres), à Monsieur (Prénom et nom), matricule…

Article 2 :

Le montant visé à l'article premier, sera directement et intégralement versé au fournisseur.

Article 3 :

Le Directeur du Capital humain et l'Agent comptable sont chargés, chacun en ce qui le concerne, de l'exécution de la présente décision.

(Signature)
(Prénom, nom et qualité)

Destinataire : intéressé

Ampliations :

- Directeur du Capital humain ;
- Agent comptable.

(Raison sociale, forme juridique, capital social, numéro registre de commerce, NINEA, adresse, téléphone, fax, mail, etc.)

(Entête de l'entreprise)
(Référence)

(Ville), le (Jour, mois et année)

ANALYSE : Décision accordant une subvention pour la Tabaski (Année) au personnel de (Raison sociale en entier et en abrégé)

Le Directeur général de (Raison sociale en entier) :

Vu la Constitution ;

(Viser les textes législatifs et réglementaires relatifs à l'organisation et au fonctionnement de l'entreprise) ;

Vu *(Viser la convention collective relative à la branche d'activité ou l'Accord d'établissement)* ;

Vu la notification budgétaire en date du (Jour, mois et année) ;

Décide :

<u>Article premier</u> *:*

Une subvention d'un montant de (En lettres puis en chiffres) est accordée au personnel du (Raison sociale en abrégé), pour les besoins de la Tabaski (Année).

<u>Article 2</u> :

Le montant visé à l'article premier sera directement versé aux bénéficiaires.

<u>Article 3</u> :

Le Directeur du Capital humain et l'Agent comptable sont chargés, chacun en ce qui le concerne, de l'exécution de la présente décision.

(Signature)
(Prénom, nom et qualité)

<u>Ampliations</u> :

- Directeur du Capital humain ;
- Agent comptable.

(Raison sociale, forme juridique, capital social, numéro registre de commerce, NINEA, adresse, téléphone, fax, mail, etc.)

(Entête de l'entreprise)
(Référence)

(Ville), le (Jour, mois et année)

ANALYSE : Décision accordant une subvention annuelle à l'Amicale (Dénomination en entier puis en abrégé)

Le Directeur général de (Raison sociale en entier) :

Vu la Constitution ;

(Viser les textes législatifs et réglementaires relatifs à l'organisation et au fonctionnement de l'entreprise) ;

Vu *(Viser la convention collective relative à la branche d'activité ou l'Accord d'établissement)* ;

Vu les statuts de l'Amicale (Dénomination en entier puis en abrégé) ;

Vu la lettre en date du (Jour, mois et année) du Président de l'Amicale (En abrégé) ;

Vu la notification budgétaire en date du (Jour, mois et année) ;

Décide :

Article premier *:*

Une subvention d'un montant de (En lettres puis en chiffres) est accordée à l'Amicale (Dénomination en entier puis en abrégé), au titre de l'année…

Article 2 :

Le montant visé à l'article premier sera viré dans le compte bancaire n°… de l'Amicale ouvert à (Indiquer la banque).

Article 3 :

Le Directeur financier et l'Agent comptable sont chargés, chacun en ce qui le concerne, de l'exécution de la présente décision.

(Signature)

(Prénom, nom et qualité)

Destinataires :

- Président de l'Amicale ;
- Trésorier.

Ampliations :

- Directeur financier ;
- Agent comptable.

(Raison sociale, forme juridique, capital social, numéro registre de commerce, NINEA, adresse, téléphone, fax, mail, etc.)

(Entête de l'entreprise)
(Référence)

(Ville), le (Jour, mois et année)

ANALYSE : Décision accordant un appui financier
à Madame (Prénom, nom et qualité), au titre de (Motif)

Le Directeur général de (Raison sociale en entier) :
Vu la Constitution ;
(Viser les textes législatifs et réglementaires relatifs à l'organisation et au fonctionnement de l'entreprise) ;
Vu la lettre référencée... en date du (Jour, mois et année) du Directeur général ;
Vu la notification budgétaire en date du (Jour, mois et année) ;

Décide :

Article premier :
Il est accordé un appui financier de (Montant en lettres et en chiffres) à Madame (Prénom, nom et qualité), dans le cadre de sa participation à (Préciser l'activité), prévu du (Jour) au (Jour, mois et année) à (Lieu).
Article 2 :
Le Directeur financier et l'Agent comptable sont chargés, chacun en ce qui le concerne, de l'exécution de la présente décision.

(Signature)
(Prénom, nom et qualité)

Ampliations :
- Directeur financier ;
- Agent comptable.

(Raison sociale, forme juridique, capital social, numéro registre de commerce, NINEA, adresse, téléphone, fax, mail, etc.)

II. La note de service

La note de service est un document émis par le chef d'entreprise pour communiquer des informations officielles aux travailleurs relatives à l'organisation et au fonctionnement de l'entreprise et ayant un caractère obligatoire.[52]

Traduisant un ordre (nomination, affectation, pointage, port d'un badge, tenue professionnelle, etc.), elle peut concerner un ou plusieurs travailleurs.

En outre, elle est transmise ou affichée dans un endroit accessible aux ressources humaines.

Ainsi, elle est « un outil de communication interne à l'entreprise qui contribue à améliorer la gestion du personnel ».

Au même titre que les autres documents d'injonction, la note de service doit respecter un certain formalisme et comporter des mentions obligatoires pour avoir une valeur juridique.[53]

Ces mentions sont les suivantes :

- l'entête de l'entreprise ;
- l'expéditeur : nom et prénom du chef d'entreprise ou de la personne habilitée à cet effet ;
- le destinataire : une Direction, un Service, un ou tous les travailleurs ;
- la date et le lieu d'émission ;
- la désignation de l'objet ;
- la signature ;
- le numéro d'enregistrement permettant de garantir la traçabilité et l'authenticité.

---

[52] DONNY (M.), *Nos astuces pour rédiger une note de service*, https://payfit.com

[53] Dans l'arrêt n° 16/14.405 du 4 décembre 2018, la Cour d'appel de Paris a cassé le jugement rendu par le Conseil des Prud'hommes. Elle a, en effet, retenu que le document produit par l'employeur ne « *présente pas le formalisme minimal exigible d'une note de service avec le nom, la fonction et la signature de l'émetteur, la date d'émission et un numéro d'enregistrement* ». En l'espèce, l'employeur a licencié un salarié pour faute grave sur le fondement d'un document dactylographié et non signé interdisant au personnel de se restaurer dans les vestiaires.

http://www.avocat-forzinetti.fr/sanction-disciplinaire-attention-au-formalisme-des-notes-de-service-ca-paris-pole-06-ch-11-4-décembre-2018-n-16-14-405.

Le chef d'entreprise veillera à utiliser un style clair, direct et injonctif. Toutefois, il doit se garder de « contourner les interdictions imposées par le Code du travail concernant le règlement intérieur »[54].

Modèles de notes de service

(Entête de l'entreprise)

(Ville), le (Jour, mois et année)

NOTE DE SERVICE

<u>Objet</u> : Pointage du personnel

Pour des raisons de sécurité et de contrôle des présences, le pointage est obligatoire pour tout le personnel en service au siège de (Raison sociale en entier et en abrégé), aux périodes suivantes :

- lundi au jeudi : 7h30 mn et 16h30 mn ;
- vendredi : 7h30 mn et 13h30 mn.

À cet effet, un lecteur d'empreintes digitales est installé à la réception et placé sous la surveillance des agents de sécurité.

Le week-end et les jours fériés, le pointage s'adresse également à l'ensemble du personnel à l'entrée et à la sortie de (Raison sociale en abrégé).

La présente note de service prend effet à compter du (Jour, mois et année).

Le Directeur du Capital humain est chargé de veiller à l'application de la note de service.

(Signature)

(Prénom et nom du Directeur général)

(Raison sociale, forme juridique, capital social, numéro registre de commerce, NINEA, adresse, téléphone, fax, mail, etc.)

---

54 http:/avocat-broquet.fr/travail/discipline-et-organisation-du-travail/discipline-au-travail.

(Entête de l'entreprise)

(Ville), le (Jour, mois et année)

NOTE DE SERVICE

Objet : Réaménagement des horaires de travail des standardistes

Les horaires de travail des standardistes sont tournants et réaménagés ainsi qu'il suit :

- lundi au jeudi
  - 7h30 min à 16h30 min ;
  - 10h à 18h.

Une permanence est impérativement assurée à la pause, de 13h30 min à 14h.

- vendredi : 7h30 min à 13h30 min.

La présente note de service annule et remplace toute autre note de service antérieure relative au standard.

Le Directeur du Capital humain est chargé de veiller à l'application de la note de service.

Signature)
(Prénom et nom du Directeur général)

(Raison sociale, forme juridique, capital social, numéro registre de commerce, NINEA, adresse, téléphone, fax, mail, etc.)

(Entête de l'entreprise)

(Ville), le (Jour, mois et année)

NOTE DE SERVICE

Objet : Stationnement dans le parking extérieur réservé

Le stationnement ou l'arrêt dans le parking extérieur est exclusivement réservé aux véhicules de (Raison sociale en entier et en abrégé) affectés aux Directeurs et Conseillers.

À cet effet, il est affecté une place matérialisée pour chaque véhicule.

Par conséquent, il est formellement interdit à tout conducteur de véhicule ou autre engin de se garer en biais derrière ces véhicules.

La présente note de service prend effet à compter du (Jour, mois et année).

Le Directeur des Ressources humaines et le Directeur des Moyens généraux sont chargés, chacun en ce qui le concerne, de l'application de la présente note de service.

(Signature)

(Prénom et nom du Directeur général)

(Raison sociale, forme juridique, capital social, numéro registre de commerce, NINEA, adresse, téléphone, fax, mail, etc.)

(Entête de l'entreprise)

(Ville), le (Jour, mois et année)

NOTE DE SERVICE

Objet : Gestion du pool de véhicules et du carburant

Dans le cadre d'une gestion rationnelle et efficiente du parc automobile et du carburant, tout véhicule de pool doit détenir un carnet de bord à jour des déplacements.

Avant le départ d'un véhicule pour une mission, le Chef du parc automobile est tenu des obligations suivantes :

- exiger un ordre de mission ;
- relever le kilométrage du véhicule ;
- vérifier la conformité des documents au véhicule ;
- vérifier l'état et la pression des pneus ainsi que les différents niveaux (eau, huile, batterie).

Au retour de la mission, il doit :

- s'assurer de l'état du véhicule, des pneus et du moteur ;
- relever le kilométrage et faire le calcul de la consommation ;
- s'assurer du niveau de carburant actuel ;
- adresser un rapport à son supérieur hiérarchique.

Les Directeurs concernés sont chargés, chacun en ce qui le concerne, de l'exécution de la présente note de service, qui prend effet à compter de sa parution.

(Signature)

(Prénom et nom du Directeur général)

(Raison sociale, forme juridique, capital social, numéro registre de commerce, NINEA, adresse, téléphone, fax, mail, etc.)

(Entête de l'entreprise)

(Ville), le (Jour, mois et année)

NOTE DE SERVICE

<u>Objet</u> : Nomination en qualité de Directeur financier

Monsieur (Prénom et nom), matricule (Numéro) est nommé Directeur financier.

La présente note de service prend effet à compter du (Jour, mois et année).

Le Directeur des Ressources humaines et l'Agent comptable sont chargés, chacun en ce qui le concerne, de l'application de la note de service.

Signature)

(Prénom et nom du Directeur général)

(Raison sociale, forme juridique, capital social, numéro registre de commerce, NINEA, adresse, téléphone, fax, mail, etc.)

(Entête de l'entreprise)

(Ville), le (Jour, mois et année)

NOTE DE SERVICE

<u>Objet</u> : Nomination en qualité de Directeur du Contrôle de gestion

Il est mis fin aux fonctions actuelles de Monsieur (Prénom et nom), matricule (Numéro).

Monsieur (Prénom et nom), précédemment Directeur financier, est nommé Directeur du Contrôle de gestion.

La présente note de service prend effet à compter du (Jour, mois et année).

Le Directeur des Ressources humaines est chargé de l'application de la note de service.

Signature)

(Prénom et nom du Directeur général)

(Raison sociale, forme juridique, capital social, numéro registre de commerce, NINEA, adresse, téléphone, fax, mail, etc.)

(Entête de l'entreprise)

(Ville), le (Jour, mois et année)

NOTE DE SERVICE

Objet : Affectation

Il est mis fin aux fonctions actuelles de Monsieur (Prénom et nom), matricule (Numéro).

Monsieur (Prénom et nom), précédemment Comptable à la Direction financière, est affecté à la Direction des Ressources humaines, en qualité de Chef de service de la paie.

La présente note de service prend effet dès à compter du (Jour, mois et année).

Les Directeurs sont chargés, chacun en ce qui le concerne, de l'application de la présente note de service.

Signature)

(Prénom et nom du Directeur général)

(Raison sociale, forme juridique, capital social, numéro registre de commerce, NINEA, adresse, téléphone, fax, mail, etc.)

(Entête de l'entreprise)

(Ville), le (Jour, mois et année)

NOTE DE SERVICE

<u>Objet</u> : Suivi de l'exécution des directives du Conseil de direction des résolutions de l'Assemblée générale et du Conseil d'administration

Monsieur (Prénom et nom), matricule…, est chargé, en sa qualité de (Fonction actuelle), d'assister le Directeur général dans le suivi de l'exécution des directives du Conseil de direction ainsi que des résolutions du Conseil d'administration et de l'Assemblée générale.

À ce titre, il est investi des tâches suivantes :

- l'élaboration et la mise à jour périodique d'un tableau récapitulatif ;
- le suivi de l'exécution en relation avec les Directeurs concernés.

Un compte rendu est régulièrement fait au Directeur général et avant chaque réunion du Conseil d'administration et de l'Assemblée générale.

La présente note de service prend effet à compter du (Jour, mois et année).

Les Directeurs sont invités au respect scrupuleux de la note de service.

(Signature)

(Prénom et nom du Directeur général)

(Raison sociale, forme juridique, capital social, numéro registre de commerce, NINEA, adresse, téléphone, fax, mail, etc.)

(Entête de l'entreprise)

(Ville), le (Jour, mois et année)

NOTE DE SERVICE

<u>Objet :</u> Mise en place d'une commission ad hoc

En exécution de la résolution numéro… prise au cours de la réunion du Conseil d'administration en date du (Jour, mois et année), il est mis en place une Commission ad hoc chargée de définir une vision et d'élaborer un plan stratégique quinquennal.

Cette commission est composée de :

- Monsieur (Prénom et nom), Administrateur, président ;
- Monsieur (Prénom et nom), Administrateur, membre ;
- Messieurs (Prénom et nom), (Prénom et nom) et (Prénom et nom), représentant le Directeur général, membres ;
- Monsieur (Prénom et nom), Délégué du personnel, observateur.

En outre, elle dispose d'un délai jusqu'au (Jour, mois et année) pour présenter son rapport au Conseil d'administration.

Les représentants du Directeur général sont invités à prendre part régulièrement aux travaux qui se tiendront au siège de (Raison sociale).

La présente note de service prend effet dès sa parution.

(Signature)

(Prénom et nom du Directeur général)

(Raison sociale, forme juridique, capital social, numéro registre de commerce, NINEA, adresse, téléphone, fax, mail, etc.)

(Entête de l'entreprise)

(Ville), le (Jour, mois et année)

NOTE DE SERVICE

Objet : Mise en place d'un groupe de travail

Conformément à la résolution numéro… adoptée à l'issue de la séance du Conseil d'administration en date du (Jour, mois et année), il est institué un groupe de travail composé de :

- Monsieur (Prénom et nom), Administrateur, président ;
- Monsieur (Prénom et nom), Directeur du Capital humain, vice-président ;
- Monsieur (Prénom et nom), Directeur financier, membre ;
- Messieurs (Prénom et nom) et (Prénom et nom), Délégués du personnel, membres.

Ce groupe de travail est chargé d'étudier les types de prêts à octroyer au personnel sur le budget de (Préciser la raison sociale), les garanties et les modalités de remboursement.

En outre, il dispose d'un délai jusqu'au (Jour, mois et année) pour présenter son rapport au Conseil d'administration.

La présente note de service prend effet à compter du (Jour, mois et année).

Signature)

(Prénom et nom du Directeur général)

(Raison sociale, forme juridique, capital social, numéro registre de commerce, NINEA, adresse, téléphone, fax, mail, etc.)

III. L'ordre de mission

Lorsqu'un travailleur effectue un déplacement professionnel, tant au niveau national qu'à l'extérieur du pays, il doit être muni, en amont, d'un ordre de mission. Ce document administratif est obligatoire pour assurer une protection optimale du travailleur, notamment en cas d'accident.

En outre, il protège le chef d'entreprise relativement aux conditions de prise en charge des frais de déplacement.

Considéré comme « un avenant au contrat de travail », il doit répondre à un certain formalisme.

1. Formalisme

La forme la plus usitée est celle d'un formulaire. À ce titre, des éléments doivent y figurer, en particulier :

- l'identification du chef d'entreprise (Prénom et nom) et de l'entreprise (Raison sociale, siège social) ;
- l'identification du travailleur (Prénom et nom, fonction) ;
- le déroulement de la mission : lieu, dates de départ et de retour ;
- le motif du déplacement ;
- le moyen de déplacement ;
- la prise en charge des frais de déplacement ;
- la date et le lieu de délivrance de l'ordre de mission ;
- la signature du chef d'entreprise ou de la personne mandatée à cet effet ;
- le tampon professionnel.

2. Signataire

L'ordre de mission est signé par le chef d'entreprise ou la personne mandatée à cet effet.

Dans certaines entreprises parapubliques, il revêt la signature du ministre de tutelle technique.

Selon les textes en vigueur dans les entreprises, il est visé au dos par :

- la police des frontières des deux pays, à l'entrée et à la sortie du territoire, en ce qui concerne les missions à l'étranger ;

- la préfecture ou la gendarmerie territorialement compétente, à l'occasion des déplacements à l'intérieur du pays.

Modèle d'ordre de mission d'une entreprise privée

(Entête de l'entreprise)

(Ville), le (Jour, mois et année)

ORDRE DE MISSION

Prénom et nom : …

Fonction : …

Se rendra en : …

Motif de la mission : …

Date de départ : …

Date de retour : …

Moyen de transport : …

Trajet par avion : …

(Signature)
(Prénom et nom du chef d'entreprise)

N.B. : les frais de mission sont à la charge de (Raison sociale)

(Raison sociale, forme juridique, capital social, numéro registre de commerce, NINEA, adresse, téléphone, fax, mail, etc.)

Modèle d'ordre de mission d'une entreprise parapublique

(Entête de l'entreprise)

(Ville), le (Jour, mois et année)

ORDRE DE

MISSION Ministère de tutelle : …

Prénom et nom : …

Fonction : …

Se rendra en : …

Motif de la mission : …

Date de départ : …

Date de retour : …

Moyen de transport : …

Trajet par avion : …

(Signature)
(Prénom et nom du chef d'entreprise)

N.B. : les frais de mission sont à la charge de (Raison sociale)

(Raison sociale, forme juridique, NINEA, adresse, téléphone, fax, mail, etc.)

Section 2

Les documents d'information

Les documents visés sont la convocation à une réunion, le procès-verbal, le compte rendu, le rapport de mission, la note, la motion de remerciements et/ou de félicitations ainsi que les certificats et attestations délivrés dans le cadre de l'exécution du contrat de travail ou de prestations de service.

I. La convocation à une réunion

La convocation a pour but d'aviser des personnes, par écrit, de la tenue d'une réunion à laquelle elles sont conviées.

Quel que soit le type de réunion (Assemblée générale, Conseil d'administration, Comité directeur, interne, etc.), elle doit être brève et précise.

En outre, elle peut se présenter sous la forme d'une lettre personnelle ou d'une note. La pratique actuelle consiste à privilégier la première forme, notamment pour les réunions du Conseil d'administration, dont le nombre de participants est restreint.

De même, l'e-mail est couramment utilisé pour la transmission d'une convocation à une réunion.

Celle-ci soulève les questions relatives aux éléments constitutifs et aux délais.

1. Éléments constitutifs de la convocation

Des renseignements minimaux figurent dans une convocation à une réunion, à savoir :

- les prénom et nom de la personne (président du Conseil d'administration, directeur général, gérant, etc.) qui convoque la réunion ;
- le type de réunion ;
- la date et l'heure ;
- le lieu précis ;
- l'objet de la réunion et les points inscrits à l'ordre du jour.

2. Délais de convocation

Les réunions internes ne souffrent d'aucun délai. Leur organisation est laissée à la discrétion du chef d'entreprise. On peut citer la réunion de coordination, dont la convocation est faite habituellement par intranet.

En revanche, le droit OHADA[55] prescrit des règles concernant le Conseil d'administration[56] et l'Assemblée générale[57].

En effet, le Conseil d'administration peut se tenir « aussi souvent que nécessaire ». Toutefois, il est tenu d'arrêter les comptes de l'entreprise au plus tard dans les quatre (4) mois qui suivent la clôture de l'exercice au 31 décembre, soit le 30 avril.

Ce délai exige du président du Conseil d'administration la convocation des administrateurs à une réunion avant cette date.

Des statuts de sociétés prévoient l'envoi de la convocation et des documents au moins quinze (15) jours avant la tenue de la réunion. D'autres statuts font preuve de souplesse en demandant le respect d'un délai raisonnable.

Relativement à l'Assemblée générale, le droit OHADA dispose que le Conseil d'administration convoque la session ordinaire au plus tard dans les six (6) mois qui suivent la clôture de l'exercice, soit le 30 juin, en vue de l'approbation des états financiers de l'exercice écoulé.

La convocation et les documents doivent être disponibles aux actionnaires, au moins quinze (15) jours avant la réunion.

---

[55] Cf. note 2 infra sur l'Acte uniforme révisé de l'OHADA du 30 janvier 2014 relatif au droit des sociétés commerciales et du groupement d'intérêt économique.

[56] Les entreprises, notamment celles de capitaux (société anonyme), sont composées de trois organes, à savoir, l'Assemblée générale, le Conseil d'administration et le Directeur général. En tant qu'organe suprême, l'Assemblée générale regroupe les actionnaires. Elle détermine les grandes orientations, désigne les administrateurs, nomme le Commissaire aux comptes, approuve les états financiers de l'exercice écoulé et donne quitus aux administrateurs et au Commissaire aux comptes de leur gestion. Le Conseil d'administration est l'émanation de l'Assemblée générale. Il définit les orientations stratégiques et veille à leur application par le Directeur général, par le biais d'un contrôle a posteriori. À cet égard, il élit le Président du Conseil d'administration, nomme le Directeur général, adopte le budget, le plan d'action, l'organigramme, le manuel de procédures, les statuts du personnel et la grille des salaires, arrête les états financiers de l'exercice écoulé… Cf. note 2 infra.

[57] Voir note 2 infra.

Cette convocation (avis aux actionnaires ou convocation à une Assemblée générale ordinaire) est en général publiée dans un journal d'annonces légales sous la forme d'une note.

Modèles de convocation d'un Conseil d'administration

(Entête de l'entreprise)

(Ville), le (Jour, mois et année)

Le Président
du Conseil d'administration

À Monsieur/Madame (Prénom et nom)

Administrateur

(Adresse)

Objet : Convocation à la réunion du Conseil d'administration
du (Jour, mois et année)

Monsieur/Madame l'Administrateur,

Je vous prie de bien vouloir assister ou vous faire représenter à la réunion du Conseil d'administration du (Raison sociale en entier puis en abrégé), prévue le (Jour, mois et année), à (Nombre) heures, au (Lieu de la réunion), à l'effet de délibérer sur l'ordre du jour suivant :

1. Examen et adoption du procès-verbal de la réunion du Conseil d'administration en date du (Jour, mois et année) ;
2. Revue de l'état d'exécution des résolutions des précédentes réunions ;
3. Arrêté des comptes et du bilan de l'exercice clos le 31 décembre (Année) ;
4. Préparation de l'Assemblée générale ordinaire pour l'approbation des comptes et du bilan de l'exercice clos le 31 décembre (Année) :
   - rapport du Conseil d'administration à l'Assemblée générale
   - rapports des Commissaires aux comptes
   - projets de résolutions
   - fixation de la date de l'Assemblée générale ordinaire

5. Examen et adoption de l'organigramme ;

6. Questions diverses.

Vous souhaitant bonne réception de la présente et des documents précités, je vous assure, **Monsieur/Madame l'Administrateur**, de ma considération distinguée.

(Signature)

(Prénom et nom du Président du Conseil d'administration)

P.J. 9

(Raison sociale, forme juridique, capital social, numéro registre de commerce, NINEA, adresse, téléphone, fax, mail, etc.)

(Entête de l'entreprise)

Le Président du Conseil d'administration

(Ville), le (Jour, mois et année)

CONVOCATION

Vous êtes priés de bien vouloir assister ou vous faire représenter à la réunion du Conseil d'administration du (Raison sociale en entier puis en abrégé), prévue le (Jour, mois et année), à (Nombre) heures, au (Lieu de la réunion), à l'effet de délibérer sur l'ordre du jour suivant :

1. Examen et adoption du procès-verbal de la réunion du Conseil d'administration en date du (Jour, mois et année) ;
2. Revue de l'état d'exécution des résolutions des précédentes réunions ;
3. Arrêté des comptes et du bilan de l'exercice clos le 31 décembre (Année) ;
4. Préparation de l'Assemblée générale ordinaire pour l'approbation des comptes et du bilan de l'exercice clos le 31 décembre (Année) :
   - rapport du Conseil d'administration à l'Assemblée générale
   - rapports des Commissaire aux comptes

- projets de résolutions
- fixation de la date de l'Assemblée générale ordinaire

5. Examen et adoption de l'organigramme ;
6. Questions diverses.

(Signature)

(Prénom et nom du Président du Conseil d'administration)

P.J. 9

(Raison sociale, forme juridique, capital social, numéro registre de commerce, NINEA, adresse, téléphone, fax, mail, etc.)

Modèle de convocation d'une Assemblée générale ordinaire

(Entête de l'entreprise)

(Ville), le (Jour, mois et année)

CONVOCATION À UNE ASSEMBLÉE GÉNÉRALE ORDINAIRE

Les actionnaires de (Raison sociale en entier et en abrégé), au capital social de (Montant du capital en chiffres), immatriculée au RCCM sous le numéro… et sise à (Adresse du siège social), sont convoqués à l'Assemblée générale ordinaire qui se tiendra le (Jour, mois et année) à (Nombre) heures à (Lieu), à l'effet de délibérer sur l'ordre du jour suivant :

1. Rapport de gestion du Conseil d'administration sur l'exercice clos le 31 décembre (Année) ;
2. Rapport des Commissaires aux comptes sur les états financiers de synthèse de l'exercice clos le 31 décembre (Année) et rapport spécial sur les conventions réglementées ;
3. Examen et approbation des états financiers de synthèse de l'exercice clos le 31 décembre (Année) ;
4. Affectation des résultats ;
5. Quitus aux Administrateurs et aux Commissaires aux comptes ;
6. Renouvellement du mandat des Administrateurs ;

7. Renouvellement du mandat des Commissaires aux comptes ;
8. Fixation du montant des indemnités de fonction des Administrateurs ;
9. Pouvoirs à conférer en vue des formalités.

Tout actionnaire sera admis à l'Assemblée générale ou pourra s'y faire représenter par un mandataire de son choix. À cet effet, un pouvoir est annexé à la présente convocation.

Les documents sociaux seront tenus à la disposition des actionnaires, au siège sis (Indiquer l'adresse précise), à compter du (Jour, mois et année).

Le Conseil d'administration

(Raison sociale, forme juridique, capital social, numéro registre de commerce, NINEA, adresse, téléphone, fax, mail, etc.)

II. Le procès-verbal de réunion

Dans une entreprise, notamment une société anonyme, les instances délibérantes sont, en général, l'Assemblée générale et le Conseil d'administration.

Le premier organe regroupe les actionnaires qui détiennent des actions au capital social, après avoir libéré leurs souscriptions devant un notaire.

Le second est composé des personnes physiques ou morales désignées par l'Assemblée générale ordinaire en qualité d'administrateur.

Les réunions de ces organes sont obligatoirement sanctionnées par des procès-verbaux, conformément au droit OHADA.[58]

En effet, le procès-verbal est un outil de communication qui relate et résume les interventions de chaque participant au cours d'une séance, en vue d'en assurer la traçabilité, dans l'intérêt de l'entreprise, notamment en cas de litige.

Le rapporteur ou secrétaire de séance s'oblige à ne pas émettre son avis ou de porter un jugement sur les points soulevés, sauf en sa qualité de participant.

[58] Cf. note 2 infra sur l'Acte uniforme révisé de l'OHADA du 30 janvier 2014 relatif au droit des sociétés commerciales et du groupement d'intérêt économique.

1. Du Conseil d'administration

Il est établi impérativement un procès-verbal, à l'issue de chaque réunion du Conseil d'administration. Celui-ci est adopté au début de la prochaine séance, par sa lecture, après transmission au moment de la convocation écrite.

Ce document retrace fidèlement les débats et les interventions synthétisés des personnes présentes en les citant nommément, le mode de vote et les résolutions adoptées.

En période normale, il est un document interne conservé au siège de l'entreprise. Toutefois, il peut être communiqué à des structures extérieures, en particulier l'Administration fiscale, les banques…

De même, une transmission partielle est courante sous forme d'extraits de résolutions, afin d'éviter la divulgation de certaines informations réputées confidentielles.

En principe, les informations figurant dans le procès-verbal d'une réunion de Conseil d'administration font foi jusqu'à preuve du contraire.

Elles se déclinent comme suit :

- l'entête de l'entreprise ;
- la dénomination de l'organe délibérant (Conseil d'administration) ;
- la date et le lieu de la réunion ;
- l'ordre du jour ;
- l'indication de l'heure de début et de la fin de la séance ;
- les prénoms et noms des membres présents et ceux représentés ;
- les prénom et nom du commissaire aux comptes convoqué et présent au moment de l'arrêté des comptes ;
- l'identité du Président de séance (en principe le président du Conseil d'administration) et du Secrétaire de séance (en général le directeur général) ;
- le résumé des débats et des interventions ;
- les résolutions adoptées ;
- les prénoms, noms et qualités des personnes signataires du procès-verbal (président de séance, en l'occurrence, le président du Conseil d'administration et au moins un administrateur pour la société anonyme).

Dans un souci de fidélité, il est conseillé au secrétaire de séance de rédiger le procès-verbal dans les meilleurs délais, afin de permettre aux administrateurs de formuler leurs éventuelles observations, soit directement par mail ou par courrier, soit au moment de l'adoption dudit procès-verbal.

Par ailleurs, une feuille de présence est établie avant le début de la séance. Elle permet au Président de séance de s'assurer que le quorum exigé par les textes en vigueur est atteint.

Faute d'un « quorum de présence physique » réuni, les résolutions adoptées sont nulles.[59]

Modèle de feuille de présence

FEUILLE DE PRÉSENCE

Réunion du Conseil d'administration du (Jour, mois et année)

N°	Prénoms et noms	Structures	Émargement

[59] - Cf. note 2 infra sur l'Acte uniforme révisé de l'OHADA du 30 janvier 2014 relatif au droit des sociétés commerciales et du groupement d'intérêt économique.

- BAKATUINAMIN (J.-E.), *L'exigence de présence physique aux réunions du Conseil d'administration dans l'espace OHADA à l'heure de la pandémie covid-19*, juin 2020, n° 1, RDAA édition IDEF ; http://www.institut-idef.org/L-exigence-de-presence-physique.html.

Modèle de procès-verbal

(Entête de l'entreprise)

PROCÈS-VERBAL DE LA RÉUNION DU CONSEIL D'ADMINISTRATION

EN DATE DU (Jour, mois et année)

Le Conseil d'administration de (Raison sociale en entier puis en abrégé), société anonyme au capital de... FCFA, immatriculée au RCCM sous le numéro... et sise à (Adresse), s'est réuni le (Jour, mois et année), à (...) heures (...) minutes à (Lieu), sous la présidence de (Prénom et nom), Président du Conseil d'administration, à l'effet de délibérer sur l'ordre du jour ci-après :

1. Examen et adoption du procès-verbal de la réunion du Conseil d'administration en date du (Jour, mois et année) ;
2. Nomination d'un Directeur général ;
3. Revue de l'état d'exécution des résolutions des précédentes réunions ;
4. Arrêté des comptes et du bilan de l'exercice clos le 31 décembre (Année) ;
5. Préparation de l'Assemblée générale ordinaire pour l'approbation des comptes et du bilan de l'exercice clos le 31 décembre (Année) :
   - rapport du Conseil d'administration à l'Assemblée générale
   - rapports des Commissaires aux comptes
   - projets de résolutions
   - fixation de la date de l'Assemblée générale ordinaire
6. Examen et adoption de l'organigramme ;
7. Questions diverses.

<u>Étaient présents</u> :

MM.

-	..., Président du Conseil d'administration	(Structure)
-	..., Administrateur	(Structure)
-	..., Administrateur	(Structure)
-	..., Administrateur	(Structure)
-	..., Administrateur	(Structure)
-	..., Commissaire aux comptes	(Structure)
-	Mme..., Administrateur	(Structure)

Étaient représentés :

- Mme..., Administrateur (Structure), représentée par M. (Prénom et nom) ;
- GIE..., Administrateur, représenté par Mme (Prénom et nom).

Assistaient également à la réunion :

- M..., (Profession) ;
- Mme..., (Profession).

Le Conseil réunissant la présence effective de plus de la moitié de ses Administrateurs, au regard de la feuille d'émargement, peut valablement délibérer.

Monsieur (Prénom et nom), Président du Conseil d'administration, a tout d'abord ouvert la séance en remerciant les Administrateurs de leur présence.

Il a ensuite donné lecture de l'ordre du jour qui a été adopté.

- *(Aborder les points un à un, en utilisant des mots de liaison) ;*
- *(Résumer les débats en indiquant les prénoms et nom des intervenants) ;*
- *(Synthétiser la conclusion sur chaque point soulevé) ;*
- *(Puis, vous avez deux possibilités, soit mentionner la résolution adoptée après chaque point débattu, soit faire un recueil des résolutions après l'examen des questions diverses).*

I. Examen et adoption du procès-verbal de la réunion du Conseil d'administration en date du (Jour, mois et année)

II. Nomination d'un Directeur général

III. Revue de l'état d'exécution des résolutions des précédentes réunions

IV. Arrêté des comptes et du bilan de l'exercice clos le 31 décembre (Année)

V. Préparation de l'Assemblée générale ordinaire pour l'approbation des comptes et du bilan de l'exercice clos le 31 décembre (Année) :

VI. Examen et adoption de l'organigramme

VII. Questions diverses.

Puis, le Président du Conseil d'administration a mis aux voix les résolutions suivantes :

Première résolution :

Le Conseil d'administration adopte...

Cette résolution est adoptée à l'unanimité.

Deuxième résolution

Le Conseil d'administration nomme Monsieur (Prénom et nom), (Profession), né le (Jour, mois et année) à (Lieu) au poste de Directeur général de (Raison sociale en entier et en abrégé).

Monsieur (Nom) a donné son acceptation aux nouvelles fonctions.

La nomination précitée prend effet à compter du (Jour, mois et année).

Cette résolution est adoptée à l'unanimité.

Troisième résolution :

Le Conseil d'administration demande au Directeur général de...

Cette résolution est adoptée à l'unanimité.

Quatrième résolution :

Le Conseil d'administration décide de mettre en place une Commission...

Cette résolution est adoptée à la majorité.

L'ordre du jour étant épuisé et personne ne prenant la parole, le Président du Conseil d'administration a levé la séance à… heures… minutes.

De tout ce que dessus, il a été dressé le présent procès-verbal signé par le Président, un Administrateur et le Secrétaire de séance.

Le Président du Conseil d'administration

(Signature)

(Prénom et nom)

Le secrétaire de séance

(Signature)

(Prénom et nom)

Un administrateur

(Signature)

(Prénom et nom)

(Raison sociale, forme juridique, capital social, numéro registre de commerce, NINEA, adresse, téléphone, fax, mail, etc.)

Modèle d'extrait de résolution

(Entête de l'entreprise)

EXTRAIT DE RÉSOLUTION DU CONSEIL D'ADMINISTRATION EN DATE DU (Jour, mois et année)

Deuxième résolution :

Le Conseil d'administration nomme Monsieur (Prénom et nom), (Profession), né le (Jour, mois et année) à (Lieu) au poste de Directeur général de (Raison sociale en entier et en abrégé).

Monsieur (Nom) a donné son acceptation aux nouvelles fonctions.

La nomination précitée prend effet à compter du (Jour, mois et année).

Cette résolution est adoptée à l'unanimité.

Fait à (Ville), le (Jour, mois et année)

Le Président du Conseil d'administration

(Signature)
(Prénom et nom)

Le secrétaire de séance

(Signature)
(Prénom et nom)

Un administrateur

(Signature)
(Prénom et nom)

(Raison sociale, forme juridique, capital social, numéro registre de commerce, NINEA, adresse, téléphone, fax, mail, etc.)

2. De l'Assemblée générale

Le procès-verbal d'Assemblée générale d'une société anonyme[60] est un document rédigé, après une réunion à caractère ordinaire ou extraordinaire, aux fins de retranscrire équitablement les résolutions adoptées. Ce document ne contient pas les prénoms et noms des actionnaires, ni les débats dans leur intégralité.

Il est important pour tous les événements marquant la vie de l'entreprise, particulièrement en cas d'augmentation ou de réduction du capital et de dissolution.

En outre, il fait partie des documents exigés par le notaire, le greffier du Tribunal et l'Administration, pour les nécessités des formalités légales et administratives.

C'est la raison pour laquelle sa rédaction est recommandée dans les meilleurs délais. À cet effet, des mentions doivent figurer dans le procès-verbal, à savoir :

- l'entête de l'entreprise ;
- la dénomination de l'organe délibérant (Assemblée générale ordinaire ou extraordinaire) ;
- la date et le lieu de la réunion ;
- l'ordre du jour ;
- l'indication de l'heure du début et de la fin de la séance ;
- l'identification du Commissaire aux comptes ayant présenté ses rapports général et spécial ;
- le nombre d'actions ayant permis les votes ;
- le bureau composé du président, de deux scrutateurs et de la secrétaire de séance ;
- le résumé des interventions ;
- les résolutions adoptées ;
- les prénoms, noms et qualités des personnes signataires (Bureau).

---

[60] Cf. note 2 infra sur l'Acte uniforme révisé de l'OHADA du 30 janvier 2014 relatif au droit des sociétés commerciales et du groupement d'intérêt économique.

Au même titre que la réunion du Conseil d'administration, celle de l'Assemblée générale est précédée par l'émargement des actionnaires ou de leurs représentants sur une feuille de présence.

De même, des extraits de résolutions peuvent être délivrés à l'issue de la réunion.

Modèle de feuille de présence

(Entête de l'entreprise)

FEUILLE DE PRÉSENCE

Assemblée générale ordinaire du (Jour, mois et année)

Actionnaires	Nombre d'actions	Émargement

Modèle de procès-verbal

(Entête de l'entreprise)

PROCÈS-VERBAL DE L'ASSEMBLÉE GÉNÉRALE ORDINAIRE EN DATE DU (Jour, mois et année)

L'Assemblée générale ordinaire de (Raison sociale en entier puis en abrégé), société anonyme au capital de... FCFA, immatriculée au RCCM sous le numéro... et sise à (Adresse), s'est réunie le (Jour, mois et année), à (...) heures (...) minutes à (Lieu), sous la présidence de (Prénom et nom), Président du Conseil d'administration, à l'effet de délibérer sur l'ordre du jour ci-après :

1. Rapport de gestion du Conseil d'administration sur l'exercice clos le 31 décembre (Année) ;
2. Rapport des Commissaires aux comptes sur les états financiers de synthèse de l'exercice clos le 31 décembre (Année) et rapport spécial sur les conventions réglementées ;
3. Examen et approbation des états financiers de synthèse de l'exercice clos le 31 décembre (Année) ;
4. Affectation des résultats ;
5. Quitus aux Administrateurs et aux Commissaires aux comptes ;

6. Renouvellement du mandat des Administrateurs ;
7. Renouvellement du mandat des Commissaires aux comptes ;
8. Fixation du montant des indemnités de fonction des Administrateurs ;
9. Pouvoirs à conférer en vue des formalités.

Il est établi une feuille de présence signée par chaque membre de l'Assemblée générale en entrant en séance. À cette feuille de présence, sont annexés les pouvoirs des actionnaires représentés.

Monsieur (Prénom et nom), représentant le (Raison sociale en entier puis en abrégé) et Monsieur (Prénom et nom), représentant le (Raison sociale en entier puis en abrégé), sont appelés comme scrutateurs.

Madame (Prénom et nom), Directeur général de la société, est désignée comme secrétaire de séance.

Le Président du Conseil d'administration a constaté d'abord, d'après la feuille de présence certifiée exacte par les membres du bureau, que les actionnaires présents ou représentés possèdent le quart des actions composant le capital social.

Il a constaté également la présence de Monsieur (Prénom et nom), Commissaire aux comptes.

Ainsi, l'Assemblée régulièrement constituée peut valablement délibérer.

Le Président du Conseil d'administration a rappelé ensuite le projet d'ordre du jour qui a été adopté à l'unanimité.

Il a donné lecture du rapport du Conseil d'administration. Les actionnaires en ont pris acte.

Puis, le Directeur général a présenté les états financiers de l'exercice (Année).

À la suite, le Commissaire aux comptes, Monsieur (Prénom et nom), a présenté son rapport sur le contrôle de la situation de (Raison sociale en abrégé) au 31 décembre (Année), les vérifications et informations spécifiques prévues par la loi.

Il estime que cette situation est régulière et sincère et donne une image fidèle du patrimoine et de la situation financière à la fin de l'exercice, conformément aux principes et règles comptables édictés par le SYSCOA et l'OHADA.

Il a déclaré aussi n'avoir pas d'observations à formuler sur la sincérité et la concordance avec les comptes annuels des informations données dans le rapport de gestion et les documents adressés aux actionnaires sur la situation financière et les états financiers.

Relativement aux informations, il a annexé une fiche d'identification, le bilan, le compte de résultat, l'état annexé du système normal et une note sur les états financiers.

Il a précisé qu'aucune convention réglementée entre le (Raison sociale en abrégé) et une société ou un Administrateur n'a été relevée.

Puis, le Président du Conseil d'administration a mis aux voix les résolutions suivantes :

Résolution numéro 1 :

L'Assemblée générale ordinaire, après avoir entendu la lecture du rapport de gestion du Conseil d'administration, des rapports du Commissaire aux comptes ainsi que les explications du Directeur général, approuve les comptes annuels de l'exercice clos le 31 décembre (Année) et donne quitus aux administrateurs et au Commissaire aux comptes de l'exécution de leur mandat pour ledit exercice.

Cette résolution est adoptée à l'unanimité.

Résolution numéro 2 :

Résolution numéro 3 :

Résolution numéro 4 :

Résolution numéro... :

L'Assemblée générale ordinaire confère tous pouvoirs au porteur d'un original ou d'une copie des présentes pour effectuer toutes les formalités légales.

Cette résolution est adoptée à l'unanimité.

L'ordre du jour étant épuisé et personne ne demandant la parole, le Président du Conseil d'administration a levé la séance à (Heure).

De tout ce que dessus, il a été dressé le présent procès-verbal signé par le Président du Conseil d'administration, les scrutateurs et le secrétaire de séance.

Le Président du Conseil d'administration

(Signature)

(Prénom et nom)

Les scrutateurs

(Signature) (Signature)

(Prénom et nom) (Prénom et nom)

Le secrétaire de séance

(Signature)

(Prénom et nom)

(Raison sociale, forme juridique, capital social, numéro registre de commerce, NINEA, adresse, téléphone, fax, mail, etc.)

Modèle d'extrait de résolution

(Entête de l'entreprise)

EXTRAIT DE RÉSOLUTION DE L'ASSEMBLÉE GÉNÉRALE ORDINAIRE EN DATE DU (Jour, mois et année)

Résolution numéro 1 :

L'Assemblée générale ordinaire, après avoir entendu la lecture du rapport de gestion du Conseil d'administration, des rapports du Commissaire aux comptes ainsi que les explications du Directeur général, approuve les comptes annuels de l'exercice clos le 31 décembre (Année) et donne quitus aux administrateurs et au Commissaire aux comptes de l'exécution de leur mandat pour ledit exercice.

Cette résolution est adoptée à l'unanimité.

Fait à (Ville), le (Jour, mois et année)

Le Président du Conseil d'administration
(Signature)
(Prénom et nom)

Les scrutateurs

(Signature)
(Prénom et nom)

(Signature)
(Prénom et nom)

Le secrétaire de séance
(Signature)
(Prénom et nom)

(Raison sociale, forme juridique, capital social, numéro registre de commerce, NINEA, adresse, téléphone, fax, mail, etc.)

III. Le compte rendu

Dans le contexte professionnel, le compte rendu est un outil interne, qui est utilisé pour faire la restitution d'une réunion. Il est « un aide-mémoire pour les participants et un document d'information pour les absents ».

En outre, il permet le passage à quatre étapes successives : l'échange, la décision, l'action et le suivi.

À cet égard, il contribue au renforcement de la communication descendante et ascendante entre la Direction générale et le capital humain.

C'est la raison pour laquelle il est utile pour les réunions de coordination présidées par le chef d'entreprise ou celles tenues au sein d'un service.

Ainsi, le compte rendu diffère du procès-verbal par « son caractère moins officiel » et surtout par le fait que le secrétaire de séance synthétise les débats, en restant neutre et sans verser dans la retranscription des dialogues.

Des mentions usuelles et simplifiées y sont portées, notamment :

- l'entête de l'entreprise ;
- la date et le lieu de la réunion ;
- le nom de la collectivité (Conseil de direction, Comité de direction, Coordination interne, etc.) ;
- l'objet ou l'ordre du jour ;
- l'indication des noms, prénoms et qualités des participants ;
- les informations échangées ;
- les décisions actées ;
- les actions confiées à chacun soit dans le compte rendu, soit par acte séparé ;
- la date de la prochaine réunion ;
- les signatures du président de séance et du secrétaire de séance.

Si les participants sont nombreux à la réunion, il est inutile de mentionner leurs noms, prénoms et qualités dans le compte rendu, la liste des participants faisant foi.

La diffusion d'un compte rendu est généralement faite dans les 24 heures qui suivent la réunion.

S'agissant des réunions de coordination, outre le compte rendu, il est recommandé d'élaborer un tableau récapitulatif des décisions permettant d'en assurer le suivi par un cadre désigné par le chef d'entreprise, « dans le but de les transformer en actions concrètes ».

Modèle de liste de participants

LISTE DES PARTICIPANTS

Réunion du Conseil de direction du (Jour, mois et année)

N°	Prénoms et nom	Fonctions	Mails	Portables	Émargement

Modèle de compte rendu

(Entête de l'entreprise)

COMPTE RENDU DE LA RÉUNION DU CONSEIL DE DIRECTION DU (Jour, mois et année)

Le (Jour, mois et année), la réunion (hebdomadaire/bimensuelle) du Conseil de direction s'est tenue au siège de (Raison sociale en entier et en abrégé), sis à (Adresse complète), sous la présidence de Monsieur (Prénom et nom), Directeur général, à l'effet d'examiner l'ordre du jour suivant :

- Examen et adoption du compte rendu de la réunion du (Jour, mois et année) ;
- Revue des directives de la précédente réunion ;
- … ;
- … ;
- Questions diverses

<u>Étaient présents :</u>

MM.

- …Directeur général
- …Directeur du Capital humain

- …Directeur financier
- …Directeur des Affaires juridiques
- …Directeur des Systèmes d'information

<u>Était absente excusée :</u> Mme… Directeur de l'Audit interne

Une liste des participants est annexée au présent compte rendu.

- *(Décrire le déroulement de la réunion en retraçant les faits dans un ordre chronologique, en reformulant succinctement les échanges entre les intervenants, à l'appui d'exemples) ;*
- *(Conclure en indiquant les décisions retenues ; transformer ces décisions en directives individuelles).*

Après discussion, le Conseil de direction a pris les directives suivantes :

1. ... ;
2. ... ;
3. … ;
4. … ;
5. … ;
6. … ;
7. … ;
8. ...

La date de la prochaine réunion est prévue le (Jour, mois et année) à (heure).

Un tableau récapitulatif de ces directives sera envoyé, par courriel, à tous les participants.

- *(N'étant pas un procès-verbal, il est superfétatoire d'indiquer l'heure de début et de fin de la réunion) ;*
- *(Joindre si nécessaire, des supports au contenu de la réunion tels qu'un rapport, un budget, etc.).*

<u>Directeur général</u> — <u>Secrétaire de séance</u>

(Signature) — (Signature)

<u>(Prénom et nom)</u> — <u>(Prénom et nom)</u>

(Raison sociale, forme juridique, capital social, numéro registre de commerce, NINEA, adresse, téléphone, fax, mail, etc.)

Modèle de tableau de directives

TABLEAU RÉCAPITULATIF DES DIRECTIVES
Réunion du Conseil de direction du (Jour, mois et année)

N°	Activités	Responsables	Délai d'exécution	Niveau d'exécution	Observations
1	Réviser le manuel de procédures	Directeur financier en relation avec les autres directeurs	2 mois	En cours	Rendre compte de l'état d'avancement à chaque réunion
2	Créer un portail	Directeur des Systèmes d'information	1 mois	Réalisé	
3	Faire respecter les gestes barrières	Directeur du Capital humain	Sans délai		
4	Présenter un programme d'audit des Directions	Directeur de l'Audit interne	À la prochaine réunion		
5	Préparer l'Assemblée générale ordinaire	Directeur des Affaires juridiques en relation avec les autres directeurs	15 jours		Prendre contact avec le Commissaire aux comptes

IV. Le rapport de mission

Contrairement au compte rendu, le rapport est un outil permettant d'informer le chef d'entreprise d'une question importante, en lui proposant des solutions.

Notre option porte sur le rapport que le travailleur dépose à la fin d'une mission, dénommé « rapport de mission »[61].

---

[61] Bien que le rapport de mission soit un document d'information, l'ordre de mission est un document d'injonction. Ce dernier a fait l'objet de développements dans la deuxième partie de l'ouvrage.

S'il résulte, par exemple, d'un renforcement de capacités, le rapport de mission doit permettre d'identifier :

- les acquis relatifs à la mission ;
- l'expérience vécue dans le pays ou à l'étranger, tant sur le plan personnel que professionnel.

De même, il doit contenir les éléments ci-après :

- la page de garde indiquant l'entête de l'entreprise, la date, les prénom et nom, qualité du participant, l'intitulé et la période de la mission ;
- le contexte de la mission ;
- le déroulement des travaux ;
- les résultats issus des travaux ;
- les recommandations ;
- la signature du participant sur la dernière page et des paraphes sur les pages précédentes.

Sa réception conditionne, généralement, le versement d'un reliquat, dont le pourcentage est défini par les procédures internes. Au-delà de la question pécuniaire, le travailleur gagnerait à faire preuve de professionnalisme en déposant son rapport, si possible, dans les 24 heures qui suivent son retour de mission.

Modèle de rapport de mission

(Entête de l'entreprise)
(Référence)

(Ville), le (Jour, mois et année)

RAPPORT DE MISSION
(Indiquer l'objet de la mission)
(Jour) au (Jour, mois et année) à (Ville)

Présenté par (Prénom et nom)
(Qualité)

I. Contexte

Sur les instructions de Monsieur (Prénom et nom), Directeur général du (Raison sociale en entier et en abrégé), nous avons effectué une mission, du (Jour) au (Jour, mois et année) à (Ville), pour prendre part à un séminaire de renforcement de capacités sur le thème suivant : (Indiquer le thème)

Ce séminaire sous-régional a été organisé par (l'organisme) à l'intention des (Préciser les cibles).

Il a enregistré la participation de cadres venant des pays suivants : (À préciser).

Son objectif principal était de…

II. Déroulement et résultats de la mission

- *(Faire une brève description de l'ouverture des travaux ; synthétiser les séances plénières et les travaux en groupes, en mettant l'accent sur les outils utilisés et les échanges fructueux) ;*
- *(Mettre en lumière les résultats de la mission) ;*
- *(Résumer la fin du séminaire avec les motions éventuelles, la remise des attestations de participation et les allocutions).*

III. Recommandations et conclusion

- *(Décrire les effets escomptés en matière de développement personnel et de valeur ajoutée pour l'entreprise) ;*
- *(Joindre des supports au contenu de la mission, tels que les copies de l'ordre de mission, de l'attestation de participation, des présentations).*

(Signature)
(Prénom et nom)

(Raison sociale, forme juridique, capital social, numéro registre de commerce, NINEA, adresse, téléphone, fax, mail, etc.)

V. La note d'information

La note d'information n'est pas une injonction. Elle est « un moyen de transmission d'un message au sein de l'entreprise. Elle permet de communiquer d'une manière brève des informations variées ».

Émise par le chef d'entreprise ou par un responsable, elle circule souvent dans un sens descendant. À cet effet, elle peut s'adresser à tout ou partie du personnel.

Le style de la note doit « être clair, concis et impersonnel ». Autrement dit, l'émetteur ne s'adresse pas nommément aux destinataires. Il utilise en général la forme passive.

Exemples

Il est porté à l'attention des cadres...

Il est rappelé à l'attention du personnel...

À cet égard, le personnel est invité à...

La présence de chacun est vivement souhaitée.

Merci pour votre collaboration.

Merci de votre compréhension.

En outre, la note d'information comporte certaines mentions, en particulier :

- l'entête de l'entreprise ;
- la date et le lieu ;
- l'indication « note d'information » ;
- l'objet ;
- l'indication des destinataires (personnel, cadres, etc.) ;
- les prénom, nom, qualité et signature de l'émetteur.

Elle ne porte pas de formule de politesse.

Modèles de notes d'information

(Entête de l'entreprise)

(Ville), le (Jour, mois et année)

NOTE D'INFORMATION N°…

Objet : Visite de Monsieur (Prénom et nom), Ministre de (dénomination) (Jour, mois et année) à (…) heures

Dans le cadre de la visite des structures relevant de son Département, Monsieur (Prénom et nom), Ministre de (dénomination), se rendra au (Dénomination en entier puis en abrégé), le (Jour, mois et année) à (…) heures.

À cet égard, le personnel est invité à réserver un accueil chaleureux au Ministre de tutelle.

Merci pour votre collaboration.

(Signature)
(Prénom, nom et qualité)

(Raison sociale, forme juridique, capital social, numéro registre de commerce, NINEA, adresse, téléphone, fax, mail, etc.)

(Entête de l'entreprise) N°…

(Ville), le (Jour, mois et année)

NOTE D'INFORMATION À L'ATTENTION DES DIRECTEURS

Objet : Passation de service entre le Directeur général sortant
et le Directeur général entrant
(Jour, mois et année) à (…) heures

Je vous informe de la nomination de Monsieur (Prénom et nom) en qualité de Directeur général de (Raison sociale en entier et en abrégé), par décret n°…

La passation de service entre le Directeur général sortant et le Directeur général entrant est prévue le (Jour, mois et année), à (…) heures, au siège.

La présence des directeurs à cette importante cérémonie est vivement souhaitée.

(Signature)
(Prénom, nom et qualité)

(Raison sociale, forme juridique, capital social, numéro registre de commerce, NINEA, adresse, téléphone, fax, mail, etc.)

(Entête de l'entreprise)

(Ville), le (Jour, mois et année)

NOTE D'INFORMATION N°…

Objet : Accueil et intégration d'un cadre commercial

Dans le cadre du renforcement de l'équipe commerciale en vue de conquérir de nouveaux marchés face à la rude concurrence, la Direction générale vous informe du recrutement de Madame (Prénom et nom).

Titulaire d'un diplôme en ingénierie commerciale, Mme (Nom) totalise une expérience professionnelle de (…) ans dans des entreprises industrielles.

Merci de faciliter son intégration au sein de la société.

(Signature)

(Prénom, nom et qualité)

(Raison sociale, forme juridique, capital social, numéro registre de commerce, NINEA, adresse, téléphone, fax, mail, etc.)

(Entête de l'entreprise)

(Ville), le (Jour, mois et année)

NOTE D'INFORMATION N°…

Objet : Appel à candidatures pour le poste
de Secrétaire général de (Organisme)

Il est porté à l'attention des cadres de l'appel à candidatures pour l'élection du Secrétaire général de (Organisme) au cours de l'Assemblée générale ordinaire, prévue du (Jour) au (Jour, mois et année) à (Ville).

Les cadres intéressés par ce poste sont invités à se rapprocher du Directeur du Capital humain, en vue de prendre connaissance des conditions d'éligibilité.

Merci de votre compréhension.

(Signature)

(Prénom, nom et qualité)

(Raison sociale, forme juridique, capital social, numéro registre de commerce, NINEA, adresse, téléphone, fax, mail, etc.)

(Entête de l'entreprise)

(Ville), le (Jour, mois et année)

NOTE D'INFORMATION N°…

Objet : Journée de restitution à l'intention du personnel
(Indiquer le thème)
(Jour, mois et année) à (…) au siège

Je vous informe de l'organisation d'une journée de restitution à l'intention du personnel sur le thème : (Préciser le thème).

Cette importante journée aura lieu le (Jour, mois et année) de (…) à (…) heures, dans la salle de conférence.

Elle sera présidée par le Directeur général et animée par (Indiquer les prénom, nom et qualité de l'animateur).

La présence de l'ensemble du personnel est vivement souhaitée.

(Signature)
(Prénom, nom et qualité)

(Raison sociale, forme juridique, capital social, numéro registre de commerce, NINEA, adresse, téléphone, fax, mail, etc.)

(Entête de l'entreprise)

(Ville), le (Jour, mois et année)

NOTE D'INFORMATION N°…

Objet : Organisation d'une cérémonie de remise
de Médailles d'honneur du travail
(Jour, mois et année) à (…) heures

Il est porté à la connaissance du personnel de la distinction des agents ci-après, aux Médailles d'honneur du travail :

- Grand or : Madame (Prénom, nom et qualité) ;
- Or : Monsieur (Prénom, nom et qualité) ;
- Vermeil : Monsieur (Prénom, nom et qualité) ;
- Argent : Madame (Prénom, nom et qualité).

La cérémonie de remise de ces décorations aura lieu le (Jour, mois et année) à (…) heures, dans la salle de conférence.

La présence de chacun à cette importante cérémonie est vivement souhaitée.

(Signature)
(Prénom, nom et qualité)

(Raison sociale, forme juridique, capital social, numéro registre de commerce, NINEA, adresse, téléphone, fax, mail, etc.)

(Entête de l'entreprise)

(Ville), le (Jour, mois et année)

NOTE D'INFORMATION N°...

Objet : Journée de don de sang
(Jour, mois et année), de (...) à (...) heures au siège

Il est rappelé à l'attention du personnel la journée de don de sang que l'Amicale organise sous le patronage du Directeur général.

S'inscrivant dans les actions sociales, cette journée aura lieu le (Jour, mois et année), de (...) à (...) heures au siège.

La présence de chacun est vivement encouragée.

(Signature)
(Prénom, nom et qualité)

(Raison sociale, forme juridique, capital social, numéro registre de commerce, NINEA, adresse, téléphone, fax, mail, etc.)

(Entête de l'entreprise)

(Ville), le (Jour, mois et année)

NOTE D'INFORMATION N°…

Objet : Organisation d'une colonie de vacances (Année)
(Jour) au (Jour, mois et année) à (Lieu)

Dans le cadre du développement de la politique sociale, il est prévu l'organisation d'une colonie de vacances, du (Jour) au (Jour, mois et année) à (Lieu).

Le site proposé par le Comité d'organisation à l'issue d'une mission de prospection remplit les conditions pour abriter une collectivité éducative en matière d'hygiène, de sécurité, de tranquillité et de commodités.

L'équipe technique sera dirigée par un directeur de colonie agréé par le ministère chargé des Collectivités éducatives. Elle sera appuyée par deux représentants de l'œuvre choisis par la Direction générale.

Les parents désirant inscrire leurs enfants sont invités à se rapprocher de Madame (Prénom, nom et qualité) de la Direction du Capital humain, afin de prendre connaissance des conditions de participation et de retirer la fiche d'inscription, au plus tard le (Jour, mois et année) à (…) heures.

Une inscription massive des enfants est vivement encouragée.

(Signature)
(Prénom, nom et qualité)

(Raison sociale, forme juridique, capital social, numéro registre de commerce, NINEA, adresse, téléphone, fax, mail, etc.)

(Entête de l'entreprise) N°...

(Ville), le (Jour, mois et année)

NOTE D'INFORMATION À L'ATTENTION DES PARENTS

Objet : Colonie de vacances (Année)
Report du vol départ des colons pour le (Jour, mois et année)

Il est porté à l'attention des parents que le départ des colons, initialement prévu le (Jour, mois et année) avec la compagnie aérienne (Indiquer le code IATA), est reporté le lendemain (jour, mois et année), selon le planning de vols ci-après :

- (heure) : décollage du vol (Code IATA) au départ de l'Aéroport... ;
- (heure) : arrivée du vol à (Ville).

Les parents sont invités à bien vouloir déposer leurs enfants, le jour du départ, au plus tard à (heure), au siège de la société.

Merci de votre collaboration.

(Signature)
(Prénom, nom et qualité)

(Raison sociale, forme juridique, capital social, numéro registre de commerce, NINEA, adresse, téléphone, fax, mail, etc.)

(Entête de l'entreprise) N°...

(Ville), le (Jour, mois et année)

NOTE D'INFORMATION À L'ATTENTION DES PARENTS

Objet : Colonie de vacances (Année)
Arrivée des colons le (Jour, mois et année)

Il est rappelé à l'attention des parents que l'arrivée des colons est prévue le (Jour, mois et année) selon le planning de vols ci-après :

- (heure) : décollage du vol (Code IATA) au départ de l'Aéroport... ;
- (heure) : arrivée du vol à l'Aéroport...

Les parents sont invités à bien vouloir accueillir directement leurs enfants à l'Aéroport...

Merci de votre coopération.

(Signature)
(Prénom, nom et qualité)

(Raison sociale, forme juridique, capital social, numéro registre de commerce, NINEA, adresse, téléphone, fax, mail, etc.)

VI. La motion de remerciements et/ou de félicitations

Il est d'usage dans les organismes d'adresser des motions de remerciements et/ou de félicitations à des personnes qui ont rendu des services importants ou occupé des postes à responsabilités dans des instances.

Il s'agit, entre autres, de hautes personnalités et personnalités ci-après :

- le président de la République, le ministre ou le trésorier dont le pays abrite le siège de l'organisme ;
- le président et le secrétaire général de l'organisme ;
- le chef d'entreprise qui siège au sein des instances délibérantes.

Ainsi, l'instance habilitée (Assemblée générale, Comité directeur, etc.) vote la motion, qui est lue publiquement avant d'être remise, en main propre, au destinataire ou par l'intermédiaire d'une personne mandatée à cet effet.

La conception d'une motion de remerciements ou de félicitations ne répond pas à un formalisme particulier. Il est d'ordinaire de la présenter en deux parties, à savoir :

- la justification ;
- la proposition.

Les modèles ci-après traduisent une expérience de l'auteur dans les secteurs du transport maritime et du commercial international.

(Entête de l'entreprise)

Motion spéciale de remerciements à Son Excellence Monsieur (Prénom et nom)**, Président de la République du** (Pays)**, au Gouvernement et au peuple** (à préciser)

L'Assemblée générale, en sa session ordinaire tenue du (Jour) au (Jour, mois et année) à (Ville), en République du (Pays),

CONSIDÉRANT :

- l'importance que le Président de la République du (Pays) et son Gouvernement accordent à l'émergence des pays africains en général et au développement du secteur des transports maritimes en particulier, par le biais de la coopération sous-régionale, régionale et internationale ;
- la place centrale des transports maritimes en tant que vecteurs de développement économique de nos États ;
- les efforts multiformes consentis par les Autorités politiques et administratives de la République du (Pays) pour la réussite de cette Assemblée générale ;
- la qualité de l'accueil et l'hospitalité légendaire à l'endroit de toutes les délégations dont a fait preuve le peuple (À préciser) ;

EXPRIME sa déférente gratitude et sa très haute reconnaissance à Son Excellence Monsieur (Prénom et nom), Président de la République du (Pays) et à son Gouvernement ;

ADRESSE ses sincères remerciements au peuple de la République du (Pays) pour son accueil et son hospitalité légendaires.

Fait à (Ville), le (Jour, mois et année)

L'Assemblée générale

(Signature)

(Prénom et nom)

(Qualité)

(Raison sociale, forme juridique, capital social, numéro registre de commerce, NINEA, adresse, téléphone, fax, mail, etc.)

(Entête de l'entreprise)

Motion spéciale de reconnaissance et de remerciements à Son Excellence Monsieur (Prénom et nom)**, Président de la République du** (Pays)

Nous, participants au (Préciser la manifestation), organisé du (Jour) au (Jour, mois et année) à (Ville) au (Pays), par (Raison sociale de l'organisme en entier et en abrégé), en relation avec (Indiquer la raison sociale en entier puis en abrégé),

CONSIDÉRANT :

- l'engagement personnel de Son Excellence Monsieur (Prénom et nom), Président de la République du (Pays) pour la promotion du secteur des transports maritimes, en vue de la compétitivité des économies africaines ;
- l'intégration et la solidarité africaine par le biais des instruments juridiques ;
- le renforcement de la coopération entre les membres de (Indiquer l'organisme fédérateur) ;
- les dispositions spéciales que les plus hautes Autorités (À compléter) ont bien voulu faire prendre relativement à la réussite de ces assises ;

EXPRIMONS notre déférente gratitude et notre très haute reconnaissance à Son Excellence Monsieur (Prénom et nom), Président de la République du (Pays) ainsi qu'au Gouvernement ;

ADRESSONS nos sincères remerciements au peuple de la République du (Pays).

Fait à (Ville), le (Jour, mois et année)

Pour les participants

(Signature)

(Prénom et nom)

(Qualité)

(Raison sociale, forme juridique, capital social, numéro registre de commerce, NINEA, adresse, téléphone, fax, mail, etc.)

(Entête de l'entreprise)

Motion de remerciements à Monsieur (Prénom et nom)**, Ministre… de la République du** (Pays)

Le Comité directeur tenu du (Jour) au (Jour, mois et année) à (Ville) en République du (Pays) par (Raison sociale de l'organisme en entier puis en abrégé), en relation avec (Raison sociale de l'organisme en entier puis en abrégé du pays hôte),

CONSIDÉRANT :

- l'intégration et la solidarité africaine par le biais des instruments juridiques ;
- le renforcement de la coopération entre les membres de (Indiquer l'organisme fédérateur) ;
- la vision de Monsieur le Ministre et les conseils prodigués dans le cadre de la défense des intérêts des membres de (Raison sociale de l'organisme fédérateur) ;
- le rôle actif et déterminant que joue Monsieur le Ministre… dans le développement du secteur portuaire et des transports maritimes ;
- l'appui multiforme et constant de (Raison sociale en entier puis en abrégé de l'organisme du pays hôte) aux activités de (l'organisme fédérateur) ;

EXPRIME sa profonde gratitude et ses sincères remerciements à Monsieur (Prénom et nom), Ministre… de la République (Pays).

Fait à (Ville), le (Jour, mois et année)

Le Comité directeur

(Signature)

(Prénom et nom)

(Qualité)

(Raison sociale, forme juridique, capital social, numéro registre de commerce, NINEA, adresse, téléphone, fax, mail, etc.)

(Entête de l'entreprise)

Motion de remerciements et de félicitations à Monsieur (Prénom et nom), **Directeur général de** (Raison sociale en entier puis en abrégé de l'organisme hôte de la manifestation) **et à son personnel**

Nous, participants à l'atelier sous-régional sur le thème intitulé « … », organisé du (Jour) au (Jour, mois et année) à (Ville) au (Pays), par (Raison sociale de l'organisme fédérateur en entier et en abrégé), en relation avec (Indiquer la raison sociale en entier puis en abrégé de l'organisme hôte),

CONSIDÉRANT :

- l'excellence des relations qui existe entre les membres de (Indiquer l'organisme fédérateur) ;
- la promptitude avec laquelle le Directeur général du (Raison sociale en abrégé de l'organisme) a accepté d'abriter cet important atelier intégrateur ;
- l'accueil particulièrement chaleureux et fraternel qui a été réservé aux délégations et les commodités mises à leur disposition ;
- la très bonne organisation et la disponibilité constante du Directeur général du (Raison sociale en abrégé de l'organisme) et son personnel ;

ADRESSONS nos sincères remerciements et nos chaleureuses félicitations à Monsieur (Prénom et nom), Directeur général de (Raison sociale en abrégé de l'organisme hôte de la manifestation) et à l'ensemble de son personnel.

Fait à (Ville), le (Jour, mois et année)

Pour les participants
(Signature)
(Prénom et nom)
(Qualité)

(Raison sociale, forme juridique, capital social, numéro registre de commerce, NINEA, adresse, téléphone, fax, mail, etc.)

(Entête de l'entreprise)

Motion de remerciements et d'encouragement à Monsieur (Prénom et nom)**, Secrétaire général sortant de** (Raison sociale en entier puis en abrégé de l'organisme)

L'Assemblée générale, en sa session ordinaire tenue du (Jour) au (Jour, mois et année) à (Ville), en République du (Pays),

CONSIDÉRANT :

- l'excellence des relations qui existe entre les membres de (Indiquer l'organisme fédérateur) ;
- la bonne gouvernance dont le Secrétaire général a fait preuve au cours de son second mandat ;
- les actions menées tant au niveau sous-régional, régional qu'international contribuant au rayonnement de (Raison sociale en abrégé de l'organisme) ;
- la primauté du capital humain dans le management stratégique et opérationnel ;

ADRESSE ses sincères remerciements et ses vives félicitations à Monsieur (Prénom et nom), Secrétaire général sortant de (Raison sociale en abrégé de l'organisme) ;

ENCOURAGE le Secrétaire général sortant à apporter un appui technique à (Raison sociale en abrégé de l'organisme) et aux membres.

L'Assemblée générale

(Signature)

(Prénom et nom)

(Qualité)

(Raison sociale, forme juridique, capital social, numéro registre de commerce, NINEA, adresse, téléphone, fax, mail, etc.)

(Entête de l'entreprise)

Motion de félicitations et de remerciements à Monsieur (Prénom et nom), **Directeur général du** (Raison sociale en entier et en abrégé de l'organisme), **Trésorier de** (Raison sociale en entier et en abrégé de l'organisme fédérateur)

Le Comité directeur tenu du (Jour) au (Jour, mois et année) à (Ville), en République du (Pays) par (Raison sociale de l'organisme en entier puis en abrégé), en relation avec (Raison sociale de l'organisme en entier puis en abrégé du pays hôte),

CONSIDÉRANT :

- l'intégration et la solidarité africaine par le biais des instruments juridiques ;
- le renforcement de la coopération entre les membres de (Indiquer l'organisme fédérateur) ;
- le dynamisme du Trésorier de (Raison sociale en abrégé de l'organisme fédérateur) ;
- l'appui multiforme et constant que le (Raison sociale en abrégé de l'organisme) apporte à (Raison sociale en abrégé de l'organisme fédérateur) dans le cadre de ses activités ;

ADRESSE ses sincères remerciements et chaleureuses félicitations à Monsieur (prénom et nom), Directeur général du (Raison sociale en abrégé de l'organisme), Trésorier de (Raison sociale en abrégé de l'organisme fédérateur).

Fait à (Ville), le (Jour, mois et année)

Le Comité directeur

(Signature)

(Prénom et nom)

(Qualité)

(Raison sociale, forme juridique, capital social, numéro registre de commerce, NINEA, adresse, téléphone, fax, mail, etc.)

(Entête de l'entreprise)

Motion de félicitations à Monsieur (Prénom et nom)**, Directeur général de** (Raison sociale en entier et en abrégé de l'organisme)**, Président sortant de** (Raison sociale en entier et en abrégé de l'organisme fédérateur)

L'Assemblée générale, en sa session ordinaire tenue du (Jour) au (Jour, mois et année) à (Ville), en République du (Pays),

CONSIDÉRANT :

- l'excellence des relations qui existe entre les membres de (Indiquer l'organisme fédérateur) ;
- l'engagement constant et l'intérêt que le Président accorde au développement du transport multimodal interafricain, en vue de l'émergence des pays africains ;
- la dextérité avec laquelle il a dirigé les réunions des instances durant son mandat ;

ADRESSE ses vives félicitations à Monsieur (Prénom et nom), Directeur général de (Raison sociale en abrégé de l'organisme), Président sortant de (Raison sociale en abrégé de l'organisme fédérateur).

Fait à (Ville), le (Jour, mois et année)

L'Assemblée générale

(Signature)

(Prénom et nom)

(Qualité)

(Raison sociale, forme juridique, capital social, numéro registre de commerce, NINEA, adresse, téléphone, fax, mail, etc.)

VII. Les certificats et attestations

1. Le certificat de travail

1.1. Une obligation de délivrance à la charge du chef d'entreprise

Les relations entre le chef d'entreprise et les travailleurs sont caractérisées par le lien de subordination, le contrat de travail à durée indéterminée ou indéterminée étant le support papier.

Ces relations peuvent prendre fin par l'échéance du contrat, la démission, le licenciement, le départ à la retraite, le départ négocié, etc.

Quels que soient le motif de la rupture et la nature du contrat, l'employeur est tenu de délivrer un certificat de travail au travailleur.[62]

En effet, le certificat de travail est un document légal que le chef d'entreprise remet obligatoirement au travailleur au terme du contrat de travail. Il permet à une entreprise de s'assurer que la personne est libre de tout engagement.

En outre, il est utile dans le calcul d'une pension de retraite.

Si le travailleur observe un préavis, le document lui est remis à la fin du contrat. Durant cette période, il peut solliciter une attestation de travail lui permettant de postuler un autre emploi.

S'il est dispensé de préavis, il reçoit le document à la date de la fin du contrat.

La remise d'un certificat de travail est une obligation de faire. Dans le cas où il n'est pas délivré à la fin du contrat, le travailleur peut adresser une lettre au chef d'entreprise pour le réclamer. Faute de réponse, il a la faculté de saisir la juridiction compétente aux fins d'obtenir des dommages et intérêts.

1.2. Des mentions obligatoires

Le Code du travail définit les mentions qui doivent figurer sur le certificat de travail, à savoir :

- l'identité du chef d'entreprise (Prénom et nom) et de l'entreprise (Raison sociale, siège social) ;
- l'identité du travailleur (Prénom et nom) ;
- les date et lieu de naissance du travailleur ;
- les dates d'entrée et de sortie du travailleur ;
- la nature des postes occupés ;
- les périodes d'occupation de ces postes ;
- la date et le lieu de délivrance du certificat de travail ;
- la signature du chef d'entreprise ou de la personne mandatée à cet effet ;
- le tampon professionnel.

---

[62] Cf. note 12 infra.

Modèle de certificat de travail

(Entête de l'entreprise)

CERTIFICAT DE TRAVAIL

Je soussigné, Monsieur (Prénom et nom), agissant en qualité de Directeur général de (Raison sociale complète et en abrégé), sise à (Adresse complète), certifie que Monsieur (Prénom et nom), né le (Jour, mois et année) à (Lieu et au besoin capitale) et domicilié à (Lieu), a été embauché au sein de (Société en abrégé), à la catégorie/classe (Dernier reclassement) de la Convention collective…, dans le cadre d'un contrat de travail à durée (déterminée ou indéterminée).

Durant sa période d'embauche, du (Jour, mois et année) au (Jour, mois et année), il a occupé les fonctions suivantes :

- (Fonction) : du (Jour, mois et année) au (Jour, mois et année) ;
- (Fonction) : du (Jour, mois et année) au (Jour, mois et année) ;
- (Fonction) : du (Jour, mois et année) au (Jour, mois et année).

Monsieur (Prénom et nom) quitte la société libre de tout engagement, à compter de ce jour.

Le présent certificat de travail lui est délivré pour servir et valoir ce que de droit.

Fait à (Ville), le (Jour, mois et année)

(Signature)
(Prénom et nom du Directeur général)

(Raison sociale, forme juridique, capital social, numéro registre de commerce, NINEA, adresse, téléphone, fax, mail, etc.)

2. L'attestation de travail

2.1. Une délivrance relevant du pouvoir discrétionnaire du chef d'entreprise

L'attestation de travail est un document administratif émis par le chef d'entreprise, à la demande du travailleur, qui veut justifier auprès d'un tiers sa situation professionnelle, à savoir, sa qualité de salarié et son poste dans l'organisation, dans le cadre d'un contrat de travail.

Ce document peut s'avérer utile lorsque celui-ci sollicite un crédit bancaire, un visa, etc.

Il ne s'agit pas d'un document juridiquement encadré. Par conséquent, sa non-délivrance n'entraîne aucune sanction à l'encontre du chef d'entreprise. Sa remise relève d'une relation cordiale entre le chef d'entreprise et le travailleur.

2.2. Des mentions usuelles

L'émission d'une attestation de travail n'obéit ni à une forme spécifique ni à des mentions obligatoires.

Toutefois, le chef d'entreprise peut conférer une valeur juridique au document, en y portant des éléments utiles au travailleur et conformes aux usages.

Ces éléments concernent :

- l'identité du chef d'entreprise (Prénom et nom) et de l'entreprise (Raison sociale, siège social) ;
- l'identité du travailleur (Prénom et nom) ;
- les date et lieu de naissance du travailleur ;
- la date d'entrée du travailleur ;
- le poste occupé ;
- la date et le lieu de délivrance de l'attestation de travail ;
- la signature du chef d'entreprise ou de la personne mandatée à cet effet ;
- le tampon professionnel.

Modèle d'attestation de travail

(Entête de l'entreprise)

ATTESTATION DE TRAVAIL

Je soussignée Madame (Prénom et nom), agissant en qualité de Directeur général de (Raison sociale complète et en abrégé), sise à (Adresse complète), atteste que Monsieur (Prénom et nom), né le (Jour, mois et année) à (Lieu et au besoin capitale) et domicilié à (Lieu), est embauché depuis le (Jour, mois et année) au sein de (Société en abrégé), dans le cadre d'un contrat de travail à durée (déterminée ou indéterminée).

Monsieur (Prénom et nom) occupe actuellement le poste de…

La présente attestation de travail lui est délivrée pour servir et valoir ce que de droit.

Fait à (Ville), le (Jour, mois et année)

(Signature)
(Prénom et nom du Directeur général)

(Raison sociale, forme juridique, capital social, numéro registre de commerce, NINEA, adresse, téléphone, fax, mail, etc.)

3. L'attestation de services faits

Dans le cadre de la sélection qualitative d'un marché, l'autorité contractante (client, maître d'ouvrage...)[63] apprécie la capacité technique et professionnelle des soumissionnaires (Fournisseurs, maîtres d'œuvre...).[64]

Au titre des renseignements et des documents prévus par le cahier des charges, l'autorité contractante demande, généralement, à ces derniers de produire la liste des travaux exécutés ou des livraisons effectuées.

Ces informations sont associées à une attestation de services faits, communément appelée « attestation de bonne exécution d'un marché », « attestation de bonne fin d'exécution d'une prestation de service » ou « attestation de satisfaction ».

Il s'agit d'un document qui prouve que le soumissionnaire a bien exécuté au moins un marché similaire au cours d'une période donnée, habituellement sur les cinq (5) dernières années.

À cet égard, il indique :

- l'identité de l'autorité contractante (Prénom et nom) et de l'entreprise (Raison sociale, siège social) ;

---

[63] La Directive n° 4/2005/CM/UEMOA du 9 décembre 2005 portant procédures de passation, d'exécution et de règlement des marchés publics et des délégations de service public dans l'Union économique et monétaire ouest-africaine définit l'autorité contractante comme « *la personne morale de droit public ou de droit privé... signataire d'un marché...* ». L'UEMOA, créée en 1994 et sise à Ouagadougou (Burkina Faso), est une organisation d'intégration ouest-africaine. Depuis sa création à Dakar, elle œuvre pour la promotion d'une intégration économique et financière harmonisée au sein d'un espace regroupant les pays membres, où est assurée une totale liberté de circulation des personnes, des capitaux, des biens et services. Ainsi, l'institution accorde une primauté à la qualité rédactionnelle, surtout dans le contexte actuel marqué par l'adoption du Cadre d'actions prioritaires (CAP) 2025, sous l'impulsion de Monsieur Abdoulaye Diop, Président de la Commission. Le CAP est « *une boussole au titre des priorités structurantes, des objectifs stratégiques et des résultats à atteindre à l'horizon 2025* ». Cet « *instrument de planification et de pilotage des interventions phares* » de l'UEMOA traduit en actes une vision en adéquation avec les dispositions pertinentes du Traité modifié. Les 8 pays membres sont le Bénin, le Burkina Faso, la Côte d'Ivoire, la Guinée-Bissau, le Mali, le Niger, le Sénégal et le Togo.

[64] Selon la Directive précitée, le soumissionnaire est « *la personne physique ou morale qui participe à un appel d'offres en soumettant un acte d'engagement et les éléments constitutifs de son offre* ».

- l'identité du soumissionnaire (Prénom et nom) ou (Raison sociale, siège social) ;
- la nature, le lieu et la période des prestations effectuées ;
- le montant des prestations ;
- la précision de l'exécution des prestations dans les règles de l'art et à bonne fin ;
- la date et le lieu de délivrance de l'attestation ;
- la signature de l'autorité contractante ou de la personne mandatée à cet effet ;
- le tampon professionnel.

Modèles d'attestation de services faits

(Entête de l'entreprise)

ATTESTATION DE BONNE FIN DE PRESTATIONS DE SERVICE

Je soussigné Monsieur (Prénom et nom), Directeur général de (Raison sociale complète et en abrégé), sise à (Adresse complète), atteste que Monsieur (Prénom et nom, adresse), Consultant international, a réalisé pour notre compte une mission de formation les (Jour) et (Jour, mois et année), dans le cadre du renforcement de capacités du capital humain, sur le thème suivant : « ... ».

Cette formation, d'un coût de (Montant en lettres puis en chiffres), a été effectuée avec diligence et professionnalisme.

La présente attestation lui est délivrée pour servir et valoir ce que de droit.

Fait à (Ville), le (Jour, mois et année)

(Signature)

(Prénom et nom du Directeur général)

(Raison sociale, forme juridique, capital social, numéro registre de commerce, NINEA, adresse, téléphone, fax, mail, etc.)

(Entête de l'entreprise)

ATTESTATION DE BONNE EXÉCUTION D'UN MARCHÉ

Je soussignée Madame (Prénom et nom), Directeur général de (Raison sociale complète et en abrégé), sise à (Adresse complète), atteste que (Raison sociale complète et en abrégé, adresse) a exécuté des travaux de (Définir leur nature) pour notre compte, durant la période du (Jour) au (Jour, mois et année), d'un montant de (En lettres puis en chiffres).

Ces travaux ont été réalisées dans les règles de l'art et à notre entière satisfaction.

La présente attestation est délivrée pour servir et valoir ce que de droit.

Fait à (Ville), le (Jour, mois et année)

(Signature)
(Prénom et nom du Directeur général)

(Raison sociale, forme juridique, capital social, numéro registre de commerce, NINEA, adresse, téléphone, fax, mail, etc.)

(Entête de l'entreprise)

ATTESTATION DE SERVICES FAITS

Je soussigné Monsieur (Prénom et nom), Directeur général de (Raison sociale complète et en abrégé), sise à (Adresse complète), atteste que la société (Raison sociale complète et en abrégé, adresse) a effectué pour notre compte, durant la période du (Jour) au (Jour, mois et année), des prestations d'un montant de (Montant en lettres puis en chiffres) et détaillées comme suit :

- … ;
- … ;
- …

La société (Raison sociale) s'est acquittée convenablement de ses obligations contractuelles avec la célérité et la qualité requises par la profession.

La présente attestation est délivrée pour servir et valoir ce que de droit.

Fait à (Ville), le (Jour, mois et année)

(Signature)
(Prénom et nom du Directeur général)

(Raison sociale, forme juridique, capital social, numéro registre de commerce, NINEA, adresse, téléphone, fax, mail, etc.)

(Entête de l'entreprise)

ATTESTATION DE SATISFACTION

Je soussignée Madame (Prénom et nom), Directeur général de (Raison sociale complète et en abrégé), sise à (Adresse complète), atteste que (Raison sociale complète et en abrégé, adresse) a procédé à la livraison, le (Jour, mois et année), du matériel suivant :

- … ;
- … ;
- …

Le marché précité, d'un coût global de (Montant en lettres puis en chiffres), a été exécuté dans les délais fixés par le cahier des charges et à notre entière satisfaction.

La présente attestation est délivrée pour servir et valoir ce que de droit.

Fait à (Ville), le (Jour, mois et année)

(Signature)
(Prénom et nom du Directeur général)

(Raison sociale, forme juridique, capital social, numéro registre de commerce, NINEA, adresse, téléphone, fax, mail, etc.)

4. L'attestation sur l'honneur

L'attestation sur l'honneur est une déclaration qui fait présumer de la bonne foi de son auteur lorsqu'il est difficile d'apporter la preuve « *d'un fait ou d'une circonstance par un autre moyen* ». Il en est ainsi dans plusieurs situations, notamment :

- l'appel d'offres pour le respect des engagements du soumissionnaire en cas d'adjudication du marché ;
- la passation de service entre un directeur général sortant et un directeur général entrant pour attester de la véracité des informations contenues dans le procès-verbal.

C'est la raison pour laquelle le contenu de l'attestation sur l'honneur est fonction de la démarche à effectuer.

D'ordinaire, il comporte les mentions ci-après :

- l'identité de l'auteur (Prénom et nom, fonction) et de l'entreprise (Raison sociale, siège social) ;
- la description du fait ou de la situation à attester ;
- l'engagement sur l'honneur ;
- la date et le lieu de délivrance de l'attestation ;
- la signature de l'auteur.

Modèles d'attestation sur l'honneur

(Entête de l'entreprise)

ATTESTATION SUR L'HONNEUR

Je soussignée Madame (Prénom et nom), Directeur général de (Raison sociale complète et en abrégé), avec un capital de (Montant en chiffres), dont le siège social est (Adresse complète) :

- reconnais avoir pris connaissance de la publication de l'appel d'offres n° (Référence de l'appel d'offres) du (Jour, mois et année) relatif à (Nature des travaux ou des livraisons) ;
- atteste sur l'honneur respecter les spécifications techniques prévues dans le cahier des charges y compris la durée (Nombre de jours ou de mois) pour (l'exécution des travaux de... /livraison des...), à compter de la date de signature du contrat.

La présente attestation sur l'honneur est délivrée pour servir et valoir ce que de droit

Fait à (Ville), le (Jour, mois et année)

(Signature)
(Prénom et nom du Directeur général)

(Raison sociale, forme juridique, capital social, numéro registre de commerce, NINEA, adresse, téléphone, fax, mail, etc.)

(Entête de l'entreprise)

ATTESTATION SUR L'HONNEUR

Je soussigné Monsieur (Prénom et nom), Directeur général sortant, atteste sur l'honneur que la situation présentée dans le procès-verbal de passation de service du (Jour, mois et année) est sincère et conforme à celle que reçoit Monsieur (Prénom et nom), Directeur général entrant, nommé au cours de la réunion du Conseil d'administration en date du (Jour, mois et année), suite à… (Indiquer le motif/départ à la retraite, démission, remplacement, etc.).

Fait à (Ville), le (Jour, mois et année)

Le Directeur général sortant — Le Directeur général entrant

(Prénom et nom) — (Prénom et nom)

Le Président du Conseil d'administration

(Prénom et nom)

(Raison sociale, forme juridique, capital social, numéro registre de commerce, NINEA, adresse, téléphone, fax, mail, etc.)

5. L'attestation de participation à une formation

Le capital humain est la principale ressource d'une entreprise. Ainsi, le renforcement de ses capacités est une nécessité, afin de permettre à l'entreprise d'augmenter sa performance et d'atteindre les objectifs qui lui sont assignés par les instances délibérantes.

Les connaissances acquises par le capital humain à l'occasion de séminaires font l'objet d'une reconnaissance, à travers une attestation de formation.

Cette formation est également importante dans les organismes regroupant des professionnels, notamment les Conseils des chargeurs.[65]

L'attestation de formation est nominative et comporte, usuellement, les éléments suivants :

- l'identité de l'organisme de formation (Raison sociale, siège social) ou du formateur indépendant (Prénom et nom) et parfois celle de l'entreprise organisatrice (raison sociale, siège social) ;
- l'identité de l'apprenant (Prénom et nom) ;
- la nature, le lieu et la période de formation ;
- la date et le lieu de délivrance de l'attestation ;
- la signature au moins de l'organisme de formation ou du formateur indépendant ;
- le tampon professionnel.

[65] Cf. note 1 infra DIA (D.), *Les Conseils des chargeurs : leviers pour l'émergence des pays africains*, L'Harmattan Sénégal, 2021.

Modèles d'attestation

(Logo de l'entreprise) (Logo du formateur)

ATTESTATION DE PARTICIPATION

À Monsieur/Madame

(Prénom et nom)

(À l'Atelier/Au Séminaire) de renforcement de capacités des (Personnes ciblées) sur le thème « Intitulé du thème », organisé à (lieu), du (Jour) au (Jour, mois et année).

En foi de quoi, la présente attestation lui est délivrée pour servir et valoir ce que de droit.

Fait à (Ville), le (Jour, mois et année)

(Signature) (Signature)

(Prénom et nom du chef d'entreprise) (Prénom et nom du formateur)

(Raison sociale, forme juridique, capital social, numéro registre de commerce, NINEA, adresse, téléphone, fax, mail, etc.)

(Logo de l'entreprise) (Logo du formateur)

ATTESTATION DE PARTICIPATION

À Monsieur/Madame

(Prénom et nom)

pour sa participation au programme de formation sur le thème « Intitulé du thème », organisé à (Lieu), du (Jour) au (Jour, mois et année).

En foi de quoi, la présente attestation lui est délivrée pour servir et valoir ce que de droit.

Fait à (Ville), le (Jour, mois et année)

(Signature) (Signature)

(Prénom et nom du chef d'entreprise) (Prénom et nom du formateur)

(Raison sociale, forme juridique, capital social, numéro registre de commerce, NINEA, adresse, téléphone, fax, mail, etc.)

(Entête du formateur)

ATTESTATION DE PARTICIPATION

Monsieur/Madame (Prénom et nom) a participé au séminaire de formation du capital humain sur (Thème de la formation).

La présente attestation lui est délivrée pour servir et valoir ce que de droit.

Fait à (Ville), le (Jour, mois et année)

(Signature)
(Prénom et nom du formateur)

(Raison sociale, forme juridique, capital social, numéro registre de commerce, NINEA, adresse, téléphone, fax, mail, etc.)

BIBLIOGRAPHIE

1. Ouvrages

- AZOULAY-BISMUTH (S.), *Être un pro de l'e-mail*, éditions Eyrolles, 2018 ;

- BOCKEL (A.), *Droit administratif*, Nouvelles Éditions Africaines, 1978 ;

- BRAHIC (M.), *Mieux rédiger ses écrits professionnels*, éditions Eyrolles ;

- CALVET (J.-C.), *Histoire de l'écriture*, Collection Pluriel, 2011 ;

- CARBONNIER (J.), *Droit civil introduction*, 27e édition refondue, PUF, 2002 ;

- DIA (D.), *Les Conseils des chargeurs : leviers pour l'émergence des pays africains*, L'Harmattan Sénégal, 2021 ;

- DRUFFIN-BRICCA (S.), *L'essentiel de l'introduction générale au droit*, Gualino, 2021 ;

- DURAND (B.), *Histoire comparative des institutions (Europe-Arabie-Afrique)*, NEA, 1983 ;

- FAYET (M.), *Modèles types de lettres et courriers électroniques*, éditions Eyrolles, 2015 ;

- FERRARA (S.), *La fabuleuse histoire de l'invention de l'écriture*, Seuil, 2021 ;

- GALIEN (C. L.), *Homo, Histoire Plurielle d'un genre singulier*, PUF, http//classes.bnf.fr/dossiercr/index.htm ;

- GAUTRON (J.-C.) et ROUGEVIN-BAVILLE (M.), *Droit public du Sénégal*, éditions A. Pedone, 1977 ;

- GREVISSE (M.), GOOSSE (A.), *Nouvelle grammaire française : Grammaire*, Volume 103, De Boeck ;

- HOUNKPE (J. C.), *Le droit de la preuve dans l'espace OHADA*, L'Harmattan, 2021 ;

- OUATTARA (A.), *La preuve électronique. Étude de droit comparé Afrique, Europe, Amérique*, P.U.A.M., 2011 ;

- LE BROUSSOIS (V.), *La boîte à outils des écrits professionnels*, Dunod, 2020 ;

- PARQUET (M.), *Introduction générale au droit,* Bréal, 2013 ;

- RENOUARD (M.), *Naissance des écritures*, Ouest-France, 2015 ;

- ROUAS (F.), *Qu'est-ce qu'une preuve en droit ? Comment établir une preuve ?*, http://www.avocat-rouaselbazis.com ;

- VUITTON (X.), *Droit de la preuve : principes et mise en œuvre processuelle,* LexisNexis 2017.

2. Articles, contributions et études

- BAKATUINAMIN (J.-E.), « L'exigence de présence physique aux réunions du conseil d'administration dans l'espace OHADA à l'heure de la pandémie covid-19 », juin 2020, N° 1, RDAA édition IDEF ; http://www.institut-idef.org/L-exigence-de-presence-physique.html ;

- BOUZIANE (H.), « Parole donnée vaut balle tirée, en vérité », https://citation-celebre.leparisien.fr ;

- BARGIBANT (L.), « La justice, une affaire de preuve plus que de vérité », http://www.village-justice.com ;

- COMUNDI, « Écrits professionnels : rédiger avec aisance et efficacité », htpp://www.comundi.fr ;

- DONNY (M.), « Nos astuces pour rédiger une note de service », https://payfit.com ;

- IONOS, « Lettre commerciale : structure, contenu et conception », https://www.ionos.fr ;

- KEÏTA (M.), « Est digne de confiance une personne dont l'acte est constamment en conformité avec la parole donnée », https://citation-celebre.leparisien.fr ;

- LE GUIDE DU RÉDACTEUR, « La ponctuation », http://www.termiuplus.gc.ca ;

- PREPLY, « Les 5 types de lettres fréquemment utilisées en entreprise », https://www.preply.com.

- RICHARD (P.-L.), « Il y a cet honneur dans la parole donnée que seuls les gens qui tiennent la leur ont », https://citation-celebre.leparisien.fr ;

- SCHERRER (C.), « La correspondance professionnelle moderne », WECA ;

- TYPOGRAPHIE : Le guide complet pour tout comprendre - Canva, https://www.canva.com ;

- UNIVERSITÉ NUMÉRIQUE JURIDIQUE FRANCOPHONE (UNJF), « Introduction histoire du droit », https://cours.unjf.fr ;

- ZILEVOU (A.), « Lorsque la parole donnée n'est plus respectée, l'honneur fragilisé s'expose », https://citation-celebre.leparisien.fr.

3. Textes communautaires

- Acte uniforme de l'OHADA du 10 avril 1998 portant organisation des procédures simplifiées de recouvrement et des voies d'exécution ;

- Acte uniforme révisé de l'OHADA du 15 décembre 2010 relatif au droit commercial général ;

- Acte uniforme révisé de l'OHADA du 30 janvier 2014 relatif au droit des sociétés commerciales et du groupement d'intérêt économique ;

- Acte additionnel A/SA.1/01/10 du 16 février 2010 relatif à la protection des données à caractère personnel dans l'espace de la CEDEAO ;

- Acte additionnel A/SA.2/01/10 du 16 février 2010 portant transactions électroniques dans l'espace de la CEDEAO ;

- Directive C/DIR/1/08/11 du 19 août 2011 portant lutte contre la cybercriminalité dans l'espace de la CEDEAO ;

- Directive n° 4/CM/UEMOA du 9 décembre 2005 portant procédures de passation, d'exécution et de règlement des marchés publics et des délégations de service public dans l'Union économique et monétaire ouest-africaine.

4. Textes législatifs

- Loi n° 97-17 du 1er décembre 1997 portant Code du travail du Sénégal, http://www.ilo.org ou http://www.Droit-Afrique.com ;

- Loi n° 2000-230 du 13 mars 2000 portant adaptation du droit de la preuve aux technologies de l'information et relative à la signature électronique, legifrance.gouv.fr (France) ;

- Loi n° 2008-08 du 25 janvier 2008 sur les transactions numériques au Sénégal ;

- Loi n° 2008-11 du 25 janvier 2008 sur la cybercriminalité (Sénégal) ;

- Loi n° 2008-12 du 25 janvier 2008 sur la protection des données à caractère personnel (Sénégal) ;

- Loi n° 2008-41 du 20 août 2008 sur la cryptologie (Sénégal) ;

- Loi n° 045-2009/AN du 10 novembre 2009 portant réglementation des services et des transactions électroniques au Burkina Faso ;

- Loi n° 2012-30 du 28 décembre 2012 portant création de l'Office national de lutte contre la fraude et la corruption (Sénégal) ;

- Loi n° 2013-546 du 30 juillet 2013 relative aux transactions électroniques en Côte d'Ivoire ;

- Loi n° 2014-17 du 2 avril 2014 relative à la déclaration de patrimoine (Sénégal).

5. Textes réglementaires

- Décret 95-364 du 14 avril 1995 abrogeant et remplaçant le décret 86-1014 du 19 août 1986 portant création d'un numéro national d'identification, d'un répertoire national des entreprises et associations, d'un comité de suivi (Sénégal) ;

- Décret n° 2008-1049 du 17 septembre 2008 portant création, attributions, organisation et fonctionnement de la commission nationale pour l'OHADA (Sénégal) ;

- Décret n° 09-998 PR-PM-MJ du 20 août 2009 portant création d'une commission nationale pour l'OHADA (Tchad) ;

- Décret n° 2009-323/PRN/MJ du 22 septembre 2009 portant création, attributions, organisation et fonctionnement de la commission nationale pour l'OHADA (Niger) ;

- Décret n° 010/13 du 23 mars 2010 portant création, organisation et fonctionnement de la commission nationale pour l'OHADA (RDC) ;

- Décret n° 12-125/PR du 29 mai 2012 portant création, attributions, organisation et fonctionnement de la commission nationale pour l'OHADA (Union des Comores) ;

- Décret n° 2012-965 du 2 octobre 2012 portant création, attributions, organisation et fonctionnement de la commission nationale pour l'OHADA (Côte d'Ivoire).

INDEX ANALYTIQUE

TABLE DES MATIÈRES

Deuxième partie
Spécificités de certains écrits professionnels

Structures éditoriales du groupe L'Harmattan

L'Harmattan Italie
Via degli Artisti, 15
10124 Torino
harmattan.italia@gmail.com

L'Harmattan Hongrie
Kossuth l. u. 14-16.
1053 Budapest
harmattan@harmattan.hu

L'Harmattan Sénégal
10 VDN en face Mermoz
BP 45034 Dakar-Fann
senharmattan@gmail.com

L'Harmattan Cameroun
TSINGA/FECAFOOT
BP 11486 Yaoundé
inkoukam@gmail.com

L'Harmattan Burkina Faso
Achille Somé – tengnule@hotmail.fr

L'Harmattan Guinée
Almamya, rue KA 028 OKB Agency
BP 3470 Conakry
harmattanguinee@yahoo.fr

L'Harmattan RDC
185, avenue Nyangwe
Commune de Lingwala – Kinshasa
matangilamusadila@yahoo.fr

L'Harmattan Congo
67, boulevard Denis-Sassou-N'Guesso
BP 2874 Brazzaville
harmattan.congo@yahoo.fr

L'Harmattan Mali
ACI 2000 - Immeuble Mgr Jean Marie Cisse
Bureau 10
BP 145 Bamako-Mali
mali@harmattan.fr

L'Harmattan Togo
Djidjole – Lomé
Maison Amela
face EPP BATOME
ddamela@aol.com

L'Harmattan Côte d'Ivoire
Résidence Karl – Cité des Arts
Abidjan-Cocody
03 BP 1588 Abidjan
espace_harmattan.ci@hotmail.fr

Nos librairies en France

Librairie internationale
16, rue des Écoles
75005 Paris
librairie.internationale@harmattan.fr
01 40 46 79 11
www.librairieharmattan.com

Librairie des savoirs
21, rue des Écoles
75005 Paris
librairie.sh@harmattan.fr
01 46 34 13 71
www.librairieharmattansh.com

Librairie Le Lucernaire
53, rue Notre-Dame-des-Champs
75006 Paris
librairie@lucernaire.fr
01 42 22 67 13

www.ingramcontent.com/pod-product-compliance
Lightning Source LLC
LaVergne TN
LVHW011445061026
849535LV00004BA/964
* 9 7 8 2 1 4 0 3 5 5 2 1 9 *